I0018195

Bibliografische Information der Deutschen Nationalbibliothek:

Die Deutsche Bibliothek verzeichnet diese Publikation in der Deutschen Nationalbibliografie; detaillierte bibliografische Daten sind im Internet über http://dnb.d-nb.de/ abrufbar.

Impressum:

Druck und Bindung: Books on Demand GmbH, Norderstedt Germany
ISBN: 9783640600120

Dieses Buch bei GRIN:

http://www.grin.com/de/e-book/148107/methoden-der-modellbasierten-software-entwicklung-im-sap-umfeld-aufgezeigt

Markus Kammermeier

Methoden der Modellbasierten Softwareentwicklung im SAP-Umfeld aufgezeigt anhand eines Beispielszenarios mit dem Visual Composer

GRIN Verlag

Fachhochschule Deggendorf

Fachbereich Betriebswirtschaft

(Master-Studiengang Wirtschaftsinformatik)

Methoden der Modellbasierten Softwareentwicklung im SAP-Umfeld aufgezeigt anhand eines Beispielszenarios mit dem Visual Composer

Studienarbeit in der Vorlesung Modellbasierte Softwareentwicklung

21. Januar 2010

Inhaltsverzeichnis

Darstellungsverzeichnis

Abkürzungsverzeichnis

AS Java	Application Server Java
BO	Business Object
BPM	Business Process Modeling
BPM	Business Process Modeling
BPMN	Business Process Modeling Notation
BPX	Business Process Expert
BRM	Business Rules Modeling
BW	Business-Warehouse
CAF	Composite Application Framework
CE	Conposition Environment

CE	SAP Composition Environment
DOM	Document Object Model
DSL	Domain Specific Language
DSM	Domain Specific Modeling
DTR	Designtime Repository
ERP	Enterprise Ressource Planning
E-SOA	Enterprise SOA
ESR	Enterprise Service Repository
GML	Generic Modeling Language
KZ	Kennzeichen
MDA	Model Driven Architecture
MDSD	Model Driven Software Development
MOF	Meta Object Facility
NWDS	Netweaver Development Studio
OCL	Object Constraint Language
OMG	Object Management Group
PDM	Platform Description Models
PIM	Platform independent model
PSM	Platform specific model
QVT	Query/View/Transformations-Spezifikation
RFC	Remote Function Call
SAP	Firma SAP AG, Walldorf
SOA	serviceorientierten Architektur
UI	User Interface
UML	Unified Modeling Language
VC	Visual Composer
W3C	World Wide Web Consortium
XGL	Executable GUI Language
XML	Extensible Markup Language

Management Summary: English

Today the requirements for new applications are changing faster than ever before. New technologies such as Twitter or Facebook have to be integrated in flexible business processes. This also affects the development of new software products: The challenge is to focus functions and layout for business users and to integrate new software in business processes using existing functions. Model driven software development is one of the possible solutions. The target is to generate source code or even a running application from an easy understandable model. This should increase productivity and improve the communication between business and IT.

SAP offers the Visual Composer as part of the Composition Environment. Visual Composer is a domain specific tool to model business logic and user interfaces on top of business processes. The results are running so-called composite applications. These applications use existing functions provided by SAP and Non-SAP systems via standard interfaces like WebServices.

This paper describes the relation between the standard for model driven development "MDA" (designed by OMG) and the SAP approach "Visual Composer". Therefore it describes concepts from both worlds. It classifies the Visual Composer in the SAP universe and describes basic concepts of model driven development with SAP. Finally this paper presents the possibilities by describing a complete example scenario using Visual Composer.

Visual Composer is a valuable tool in a very special context: It helps business process experts design and build Composite Applications using a very intuitive modeling language.

Management Summary: Deutsch

Die Anforderungen an neue Anwendungen ändern sich heute schneller als jemals zuvor. Neue Technologien, wie Twitter oder Facebook, müssen in flexible Geschäftsprozesse integriert werden. Das beeinflusst auch die Entwicklung neuer Softwareprodukte: Dabei müssen sich Funktionen und Design an den Anforderungen der Anwender orientieren und existierende Funktionalitäten in Software zur Unterstützung von Geschäftsprozessen integriert werden. Eine mögliche Lösung hierfür ist die modelbasierte Softwareentwicklung. Das Ziel dabei ist es, Quellcode oder sogar lauffähige Software auf Basis eines leicht verständlichen Modells zu erzeugen. Dadurch soll die Produktivität gesteigert und die Kommunikation zwischen Business und IT verbessert werden.

SAP bietet hierfür den Visual Composer als Teil des Composition Environment an. Der Visual Composer ist ein domänenspezifisches Werkzeug zur Modellierung von Geschäftslogik und Benutzeroberflächen zur Unterstützung von Geschäftsprozessen. Das Ergebnis sind lauffähige so genannte Composite Applications. Diese Anwendungen nutzen existierende Funktionen von SAP und Nicht-SAP Systemen unter Verwendung von Standardschnittstellen wie WebServices.

Diese Arbeit beschreibt die Beziehung zwischen dem Standard für modellbasierte Entwicklung „MDA“ (entwickelt von der OMG) und der Umsetzung von SAP, dem „Visual Composer“. Hierzu werden Konzepte aus beiden Welten beschrieben. Die Arbeit ordnet den Visual Composer in das SAP Universum ein und beschreibt grundlegende Konzepte der modellbasierten Softwareentwicklung mit SAP. Im Hauptteil der Arbeit werden die Möglichkeiten anhand eines kompletten Beispielszenarios dargestellt.

Der Visual Composer ist ein wertvolles Werkzeug in einem sehr speziellen Anwendungsgebiet: Er unterstützt Experten für die Modellierung von Geschäftsprozessen beim Design und der Umsetzung von Composite Applications und nutzt hierfür eine sehr intuitive Modellierungssprache.

1 Einleitung

1.1 Motivation

Die moderne IT-Landschaft zur Unterstützung von Geschäftsprozessen in Unternehmen kann derzeit in drei Ebenen eingeteilt werden: Auf der untersten Ebene finden wir die Kernfunktionen unserer IT-Systeme. Sie stellen die grundlegenden Funktionen zur Bearbeitung von Geschäftsvorfällen bereit, wie z.B. Funktionen zur Verbuchung von Rechnungen, das Anlegen von Aufträgen oder die Erfassung der Stammdaten. Diese Komponenten müssen ein hohes Maß an Robustheit und Zuverlässigkeit bieten. Auch daher betragen die Innovationszyklen in diesem Bereich mehrere Jahre. Zum anderen werden grundlegende Abläufe in einem Unternehmen nicht jeden Tag neu erfunden. Auf der zweiten Ebene werden die Geschäftsprozesse dargestellt. Unternehmen müssen ihre Prozesse heute schnell und flexibel auf sich verändernde Markterfordernisse anpassen. Gleichzeitig müssen heterogene IT-Systeme in die Prozesse einbezogen werden, da die relevanten Daten in verschiedenen Backendsystemen abgelegt und verarbeitet werden. Die Innovationszyklen in dieser Ebene betragen nur wenige Monate. Die oberste Ebene stellt die Konsumierung von Informationen dar. Hier finden wir heute viele verschiedenen Applikationen wie z.B. ERP-Frontends, Internet-Browser oder interaktive Formulare. In dieser Schicht müssen täglich neue Anforderungen umgesetzt und neue Technologien, wie RSS oder Twitter, integriert werden.

Die IT-Verantwortlichen stehen somit vor der Herausforderung, die IT-Landschaft ständig auf die flexiblen Anforderungen von Kunden und Kollegen auszurichten. Insbesondere bei der Darstellung der Information und der Anpassung der Anwendungen an die Geschäftsprozesse müssen dabei kurze Releasezeiten zugesichert werden. Traditionelle Ansätze für die Softwarebereitstellung und Softwareentwicklung stoßen hier an ihre Grenzen. Standardsoftware bietet nicht die notwendige Flexibilität und Individualentwicklungen scheitern am Kosten- und Zeitdruck. Nicht zuletzt misslingen viele Softwareprojekte auch an der Kommunikationslücke zwischen Fachabteilung und IT.

Die modellbasierte Softwareentwicklung begegnet diesen Herausforderungen. Mit ihr soll die Produktivität bei der Entwicklung von Software durch höhere Wiederverwendbarkeit und Automatisierung bei der Codegenerierung gesteigert werden. Die Modelle können dabei – im besten Fall – direkt von der Fachabteilung erstellt werden. Die Kommunikation mit der IT wird damit erleichtert.

Die Firma SAP bietet modellbasierte Werkzeuge zur Unterstützung der Erstellung von Anwendungen, welche die Daten zielgruppengerecht und prozessorientiert zur Verfügung stellen. Das wichtigste Werkzeug ist dabei, als Bestandteil des Composition Environment, der Visual Composer.

1.2 Überblick über die Arbeit

In **Kapitel zwei** werden allgemein Konzepte und Terminologien im Kontext der modellbasierten Entwicklung dargestellt. Außerdem werden zum besseren Verständnis wichtige Technologien aus dem SAP-Universum beschrieben. **Kapitel drei** ordnet den Visual Composer allgemein in die Konzepte der modellbasierten Softwareentwicklung und das SAP-Universum ein. In **Kapitel vier** werden die Möglichkeiten des Visual Composer und unterstützender Werkzeuge anhand eines Praxisbeispiels dargestellt. Abschluss bildet ein Ausblick auf kommende Releases und eine Bewertung der Anwendung des Visual Composer.

1.3 Zielbeschreibung

Ziel dieser Arbeit ist die Darstellung wie die Firma SAP das Konzept der modellbasierten Softwareentwicklung auf die Entwicklung von Anwendungen zur Unterstützung von Geschäftsprozessen übertragen hat. Ausgangspunkt dafür ist eine Beschreibung der grundlegenden Konzepte und des MDA-Standards der OMG. Es wird gezeigt, wo sich die SAP mit dem Visual Composer an diesen Standard angelehnt hat. Ferner wird anhand eines Praxisbeispiels dargestellt, wie eine mit dem Visual Composer orchestrierte Anwendung den Prozess zur Anlage eines neuen Projektes in einem Beratungsunternehmen vereinfacht.

2 Konzepte und Terminologie

Im folgenden Kapitel werden zunächst grundlegende Konzepte und Terminologien modellbasierter Softwareentwicklung (Englisch Model Driven Software Development, kurz MDSD) dargestellt. Grundsätzlich geht es dabei um Techniken und Methoden, die aus formalen Modellen lauffähige Software generieren. Die Model Driven Architecture (MDA) ist eine Initiative der Object Management Group (OMG), um dieses Thema zu standardisieren.

Zunächst wird eine Ontologie zu MDSD aufgebaut, um die verschiedenen Begriffe in Beziehung zu setzen. Aufbau und Beschreibung der Ontologie ist entnommen aus (Stahl & Völter, 2005). Im Anschluss daran werden grundlegende Konzepte aus dem Bereich der SAP-Softwareentwicklung dargestellt.

2.1 Ontologie MDSD

2.1.1 Modellierung

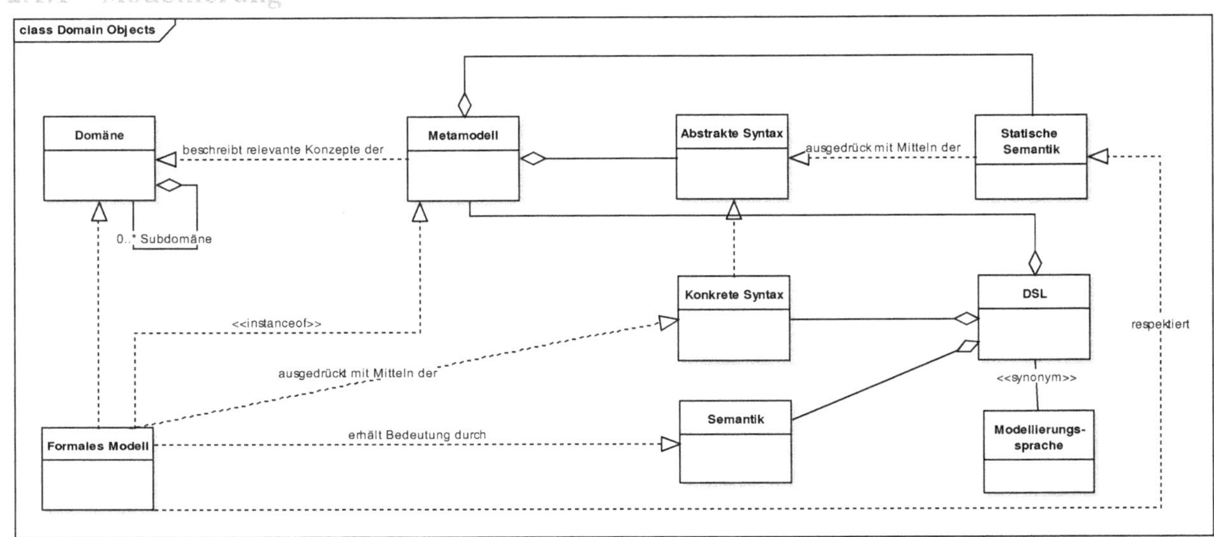

Darst. 2-1: Begriffsnetz Modellierung[1]

Domäne

Bei einer Domäne handelt es sich um ein begrenztes Interessen- oder Wissensgebiet. Sie können sowohl technisch als auch fachlich motiviert sein. Beispiel für eine fachliche Domäne ist „Versicherungen" mit den Elementen Unfall- und Hausratversichung. Eine mögliche technische Domäne wäre die Entwicklung der Navigation für ein Infotainmentsystem in einem Auto.

Metamodell

Mit Hilfe des Metamodells wird die Struktur der Domäne formalisiert. Kurz gesagt beschreibt das Metamodell, wie Modelle innerhalb dieser Domäne gebaut werden. Das Metamodell der OMG für die Formalisierung der UML ist die Meta Object Facility (MOF), siehe auch (OMG, 2009). Inhalt des Metamodells sind die abstrakte Syntax und die statische Semantik.

[1] Quelle: (Stahl & Völter, 2005, S. 66)

Abstrakte und konkrete Syntax

Die abstrakte Syntax einer Sprache spezifiziert, wie die Struktur der Sprache aussieht. Eine konkrete Syntax ist die Realisierung einer abstrakten Syntax. Verschiedene konkrete Syntaxformen können dabei eine gemeinsame abstrakte Syntax besitzen. Daraus folgt: „Man kann das Metamodell einer Domäne in verschiedenen Notationen ausdrücken, also zum Beispiel eine grafische auf UML basierende und eine textuelle“ (Stahl & Völter, 2005, S. 67).

Ein gutes Beispiel dafür liefert uns die XML-Welt: „Ein XML-Dokument ist in der konkreten Syntax von XML formuliert, ein generischer XML-Parser erzeugt daraus eine Repräsentation im Hauptspeicher – den DOM-Tree (DOM = Document Object Model). Das DOM selbst ist also die abstrakte Syntax von XML“ (Stahl & Völter, 2005, S. 67).

Die Notation einer abstrakten Syntax kann wiederum mit einem Metamodell, z.B. mit MOF, erfolgen. Dabei „bietet MOF eine mögliche konkrete Syntax zur Spezifikation von Metamodellen“ (Stahl & Völter, 2005, S. 67).

Statische Semantik

Auf Basis der statischen Semantik kann die Wohlgeformtheit von Modellen überprüft werden. In ihr werden Regeln festgelegt, die über die Syntax einer Sprache hinausgehen. Beispielsweise regelt die statische Semantik in Programmiersprachen, dass Variablen von ihrer Verwendung deklariert werden müssen. (Stahl & Völter, 2005) weisen darauf hin, dass konzeptionell die statische Semantik eigentlich eher zur Syntax als zur Semantik einer Sprache gehört.

Domänenspezifische Sprache

„Eine DSL[2] dient dem Zweck die Schlüsselaspekte einer Domäne [...] formal ausdrückbar (modellierbar) zu machen. Dazu besitzt sie ein Metamodell (inkl. statische Semantik) und eine korrespondierende konkrete Syntax“ (Stahl & Völter, 2005, S. 68). Hinzu kommt eine (dynamische) Semantik, die den Konstruktionen des Metamodells eine Bedeutung gibt.

Ziel einer DSL ist es, dem Modellierer innerhalb eines konkreten Interessensgebietes (Domäne) als Werkzeug zur Modellerstellung zu dienen. Die Semantik sollte dem Domänenexperten innerhalb seiner Sprachwelt intuitiv klar sein.

Die Komplexität und Mächtigkeit von DSLs reicht von einfachen textuellen Konfigurationsoptionen mit Gültigkeitsprüfung bis zu grafischen DSLs mit entsprechenden domänenspezifischen Editoren.

Formale Modelle

Formale Modelle bilden im Kontext von MDSD den Ausgangspunkt für automatisierte Transformationen. „Es ist in der gegeben konkreten Syntax formuliert und ist mindestens konzeptionell (meist auch technisch) eine Instanz des gegebene Metamodells. Ein Modell ist also ein in der DSL formulierter „Satz“. Seine Bedeutung erhält es durch die Semantik der DSL“ (Stahl & Völter, 2005, S. 69).

Im Sinne der MDA werden Modelle mit der Unified Modeling Language (UML) erstellt. Die UML kann dabei mit Profilen passend für eine Domäne konfiguriert werden.

---

[2] Domänenspezifische Sprache (Englisch Domain Specific Language, DSL)

2.1.2 Transformationen

Darst. 2-2: Begriffsnetz Transformation[3]

Transformation

Ziel der Transformationen im Konzept des MDSD ist die Generierung von Artefakten (z.B. Quellcode oder kompilierte Dateien), die in ein zu erzeugendes Produkt einfließen. Quelle ist ein formales Modell als Instanz eines Metamodells.

Grundsätzlich werden zwei Arten von Transformationen unterschieden:

- Modell-zu-Modell-Transformationen[4]
  Diese Art der Transformation überführt ein Quellmodell in ein Zielmodell. Das Zielmodell basiert dabei in der Regel auf einem anderen Metamodell, als das Quellmodell. Die Transformation beschreibt dabei, wie die Konstrukte aufeinander abgebildet werden sollen. Die OMG versucht diesen Schritt innerhalb der MDA mit der Query/View/Transformations-Spezifikation (QVT) zu standardisieren.
- Modell-zu-Plattform-Transformationen[5]
  Diese Art der Transformation erzeugt in der Regel Quellcode für eine spezifische Plattform. Sie werden auch als Modell-zu-Code-Transformationen bezeichnet.

ölter, 2005, S. 71)

odel Transformation

orm Transformation

2.1.3 Abbildung MDA-Konzepte

Die OMG versucht die MDSD im Zuge der MDA zu standardisieren. Darst. 2-3 ordnet die Terminologie der OMG den beschriebenen Grundkonzepten zu.

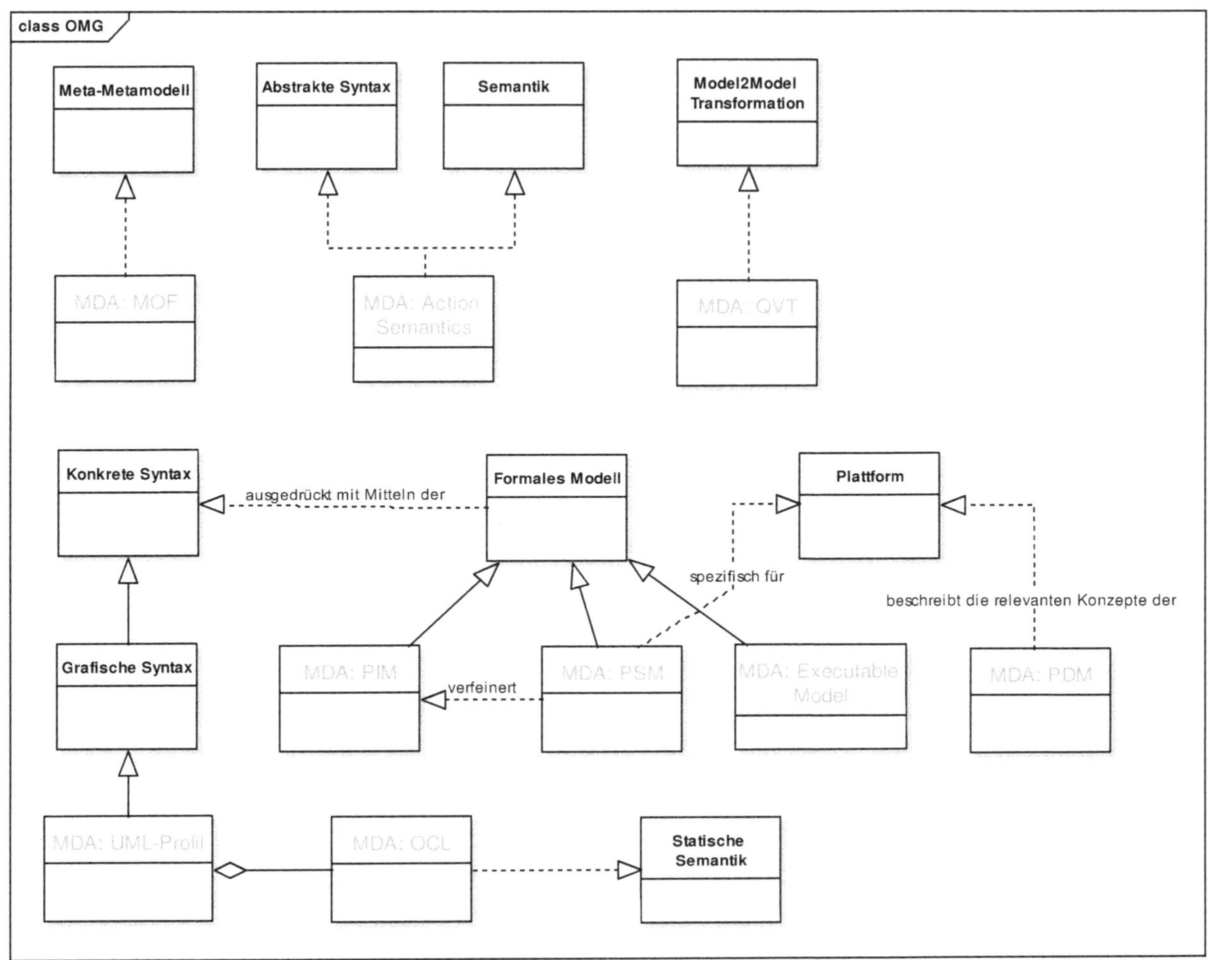

Darst. 2-3: Begriffsnetz MDA[6]

Innerhalb der MDA werden folgende Begriffe verwendet:

Metaobject Facility, MOF	MDA verwendet MOF als das grundlegende Metamodell. Basis für jedes Modell innerhalb der MDA ist ein Metamodell auf Basis der MOF.
Action Semantics	Werden zur Beschreibung von Algorithmen verwendet und finden insbesondere Verwendung in Executable UML.
Query/View/Transformation, QVT	Ansatz zur Standardisierung der Beschreibung der Transformation für Modell-zu-Modell-Transformationen.
UML-Profil	MDA empfiehlt die Verwendung von UML-Profilen als konkrete Syntax für eine DSL.

[6] Quelle: (Stahl & Völter, 2005, S. 75)

Object Constraint Language, OCL	OCL ist Bestandteil der UML und dient zur textuellen Beschreibung von Bedingungen.
Platform independent model, PIM	MDA definiert verschiedene Blickwinkel auf formale Modelle: Das Modell kann dabei plattformunabhängig oder plattformspezifisch sein. MDA empfiehlt mehrschrittige Transformationen zwischen den Modellen (PIM → PSM → Code).
Platform specific model, PSM	
Executable Model	Wird auch als Executable UML bezeichnet. Dabei werden UML-Modelle direkt auf der Zielplattform ausgeführt.
Platform Description Models, PDM	Modelle zur Beschreibung der Zielplattform.

Es bleibt festzuhalten, dass die MDA ein Versucht der OMG ist, die modellbasierte Softwareentwicklung zu standardisieren. Anwendungen, welche dieses Konzept und die generelle Modellierung auf Basis der UML umsetzen, können häufig nur den Quellcoderumpf (z.B. Deklaration von Klassen und Methoden) automatisch generieren. Daher haben sich in vielen Bereichen proprietäre Lösungen entwickelt. Diese domänenspezifische Lösungen (Englisch Domain Specific Modeling, DSM) fokussieren sich auf die Unterstützung in einer speziellen Disziplin wie z.B. Implementierung der Motorsteuerung oder Navigation auf mobilen Geräten. Dabei werden Modellierungstechniken verwendet, welche die Anwendungsdomäne optimal unterstützen. Der Automatisierungsgrad dieser Spezial-Werkzeuge ist in der Regel höher. Darst. 2-4 zeigt die Modellierung der Navigation für das Infotainment-System in einem Auto. Aus dem Modell wird direkt der Quellcode für die Navigation erzeugt.

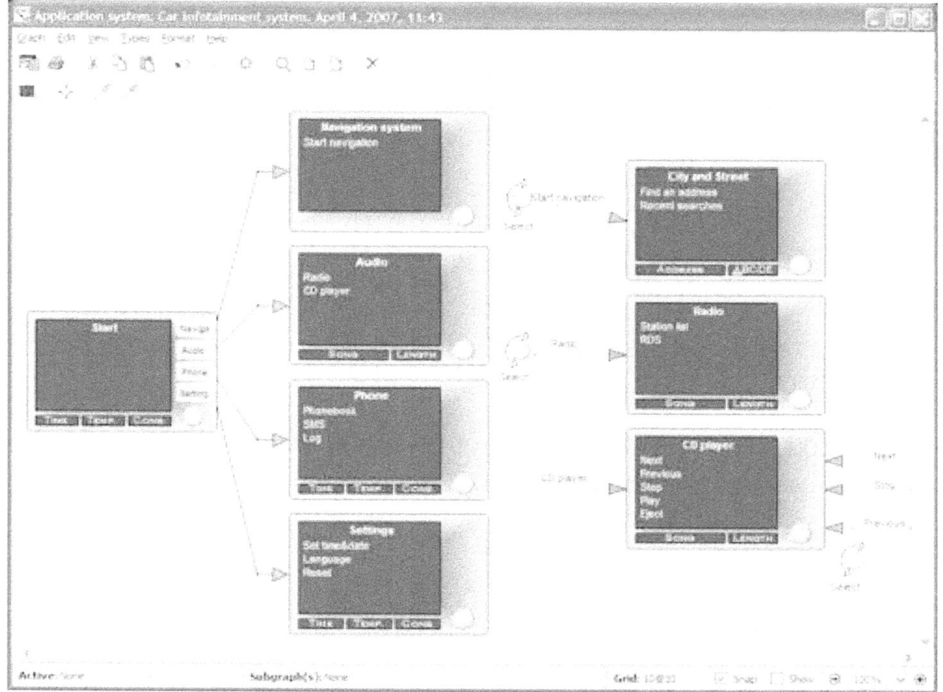

Darst. 2-4: Beispiel DSL[7]

[7] Quelle: (Dr. Tolvanen, 2008)

2.2 SAP Universum

Das Unternehmen SAP AG (kurz SAP) ist der führende Anbieter von Unternehmenssoftware und drittgrößter Softwareanbieter der Welt. Die Firma wurde 1972 in Weinheim gegründet und hat ihren Firmensitz heute in Walldorf. Derzeit hat SAP 48.500 Mitarbeiter und erwirtschaftete in 2008 einen Umsatz von 11,6 Mrd. Euro (Quelle (SAP AG, 2009)). Das Kernprodukt der Firma SAP ist das ERP-System SAP ERP als Teil der SAP Business Suite (ehemals R/3). Mithilfe dieser Softwarelösung können Unternehmen ihre gesamten betriebswirtschaftlichen Prozesse in einem integrierten System abbilden.

SAP bietet Kunden und Partnern auf Basis der Technologieplattform SAP Netweaver vielfältige Möglichkeiten, die ERP-Lösung individuell anzupassen und zu erweitern. Anpassungen können vorgenommen werden durch Einstellungen im System (Customizing), Erweiterung bestehender Transaktionen (z.B. Userexits) und die Entwicklung eigener Anwendungen.

Im folgenden Abschnitt werden die wesentlichen Konzepte und Technologien zur Einordnung des Visual Composer in das SAP Universum beschrieben.

2.2.1 SAP Netweaver

„SAP Netweaver ist die Integrations- und Technologieplattform von SAP und die Basis für die Anwendungen der SAP Business Suite" (Salein, Bönnen, Andreas, & Mutzig, 2010, S. 35). Damit stellt Netweaver alle Technologien zur Verfügung, um die Produkte der SAP Business Suite zu betreiben. Das beinhaltet u.a. die Anbindung an die Datenbank, die Entwicklungs- und Laufzeitumgebung für ABAP bzw. Java, Benutzerverwaltung und Berechtigungskonzept. Dabei werden Internetstandards wie http, XML und WebServices unterstützt. Ziel von SAP Netweaver ist es, als Basis für die Integration von Menschen, Informationen, Prozessen und Anwendungen zu dienen (vgl. auch (Salein, Bönnen, Andreas, & Mutzig, 2010, S. 36ff).

2.2.2 Enterprise SOA

SAP NetWeaver bildet auch die Grundlage für die Bereitstellung und das Konsumieren von WebServices. Darst. 2-5 zeigt die Abbildung einer serviceorientierten Architektur (SOA) aus Sicht der SAP. Herzstück in diesem Konzept ist das Enterprise Service Repository (ESR) und die Enterprise Service Registry. Hier werden alle Enterprise Services zentral verwaltet und der Zugriff unter Berücksichtigung der SOA Governance geregelt. Enterprise Services erweitern die Idee von WebServices und sind gekennzeichnet durch folgende Merkmale:

- Ausführliche Dokumentation der Schnittstellen und der Funktionalität.
- Verwendung globaler Datentypen aus dem ESR.
- Dienste sind innerhalb des ESR klassifiziert, um leicht gefunden werden zu können (Prozesskomponente, Business Objekt, ...).
- Die Entwicklung eines Enterprise Service erfolgt nach einem vorgegebenen Entwicklungsprozess, was die Qualität sichert.

Für mehr Informationen zu Enterprise SOA (E-SOA) sei verwiesen auf (Kammermeier & Hötzinger, 2008) und auf (SAP, 2009).

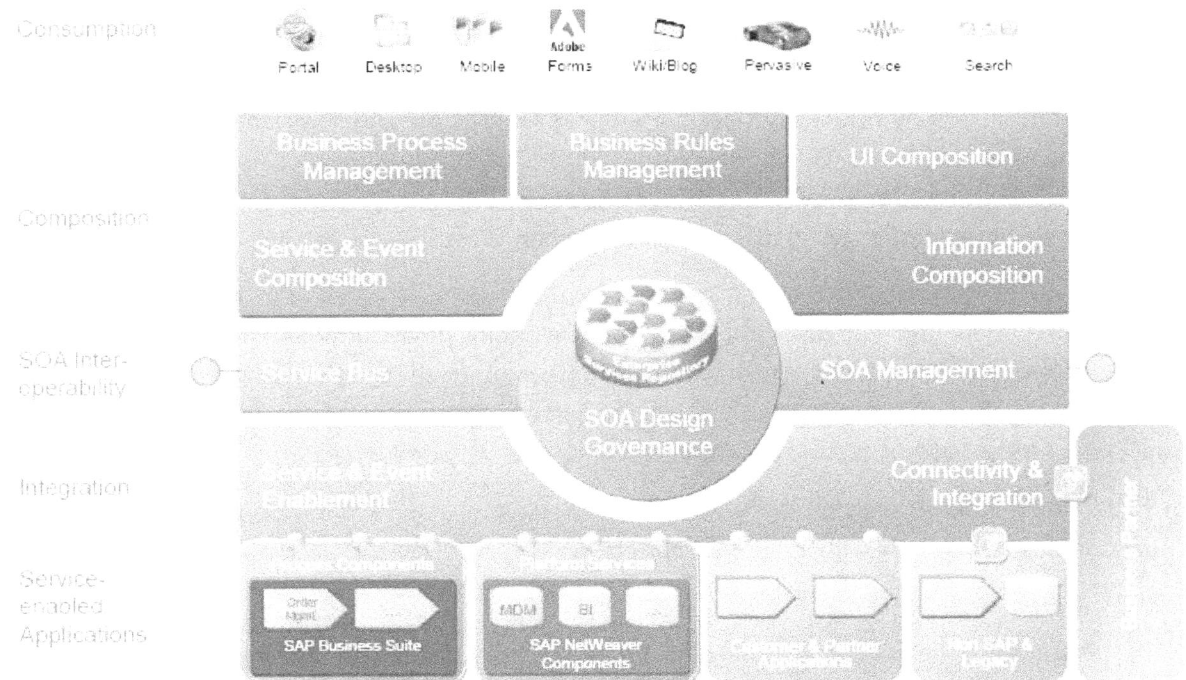

Darst. 2-5: SOA bei SAP[8]

2.2.3 Composition Environment

SAP NetWeaver arbeitet innerhalb von E-SOA als Basis für die Bereitstellung von Basistechnologien und die Integration von verschiedenen Plattformen (SAP und Nicht-SAP). Dienste werden darauf aufbauend durch die SOA-Schicht bereitgestellt und im Enterprise Service Repository verwaltet (siehe Darst. 2-5). Diese Dienste werden in der folgenden Schicht vielfältig kombiniert und schließlich auf der obersten Schicht durch den Benutzer in Form von Anwendungen, Portalsystemen oder Formularen konsumiert.

Innerhalb des SAP Composition Environment (CE) werden Dienste kombiniert und darauf aufbauend Prozesse, Geschäftsregeln und Oberflächen bereitgestellt. Das CE ist dabei bewusst von NetWeaver getrennt worden, um schneller auf die kurzen Innovationszyklen in diesem Bereich reagieren zu können.

Es bietet eine Entwicklungs- und Laufzeitumgebung für Composite Applications (siehe 0). Das Entwicklungswerkzeug hierfür ist das Netweaver Development Studio (NWDS). Mit ihm können innerhalb einer Eclipse-Oberfläche Dienste, WebDynpro-Oberflächen und Prozesse entwickelt und veröffentlicht werden. Basis der Laufzeitumgebung ist ein Java EE 5 Applikationsserver. Die entwickelten Anwendungen können über das SAP Portal veröffentlicht werden (siehe Darst. 2-6).

[8] Quelle: (Klenz, 2009)

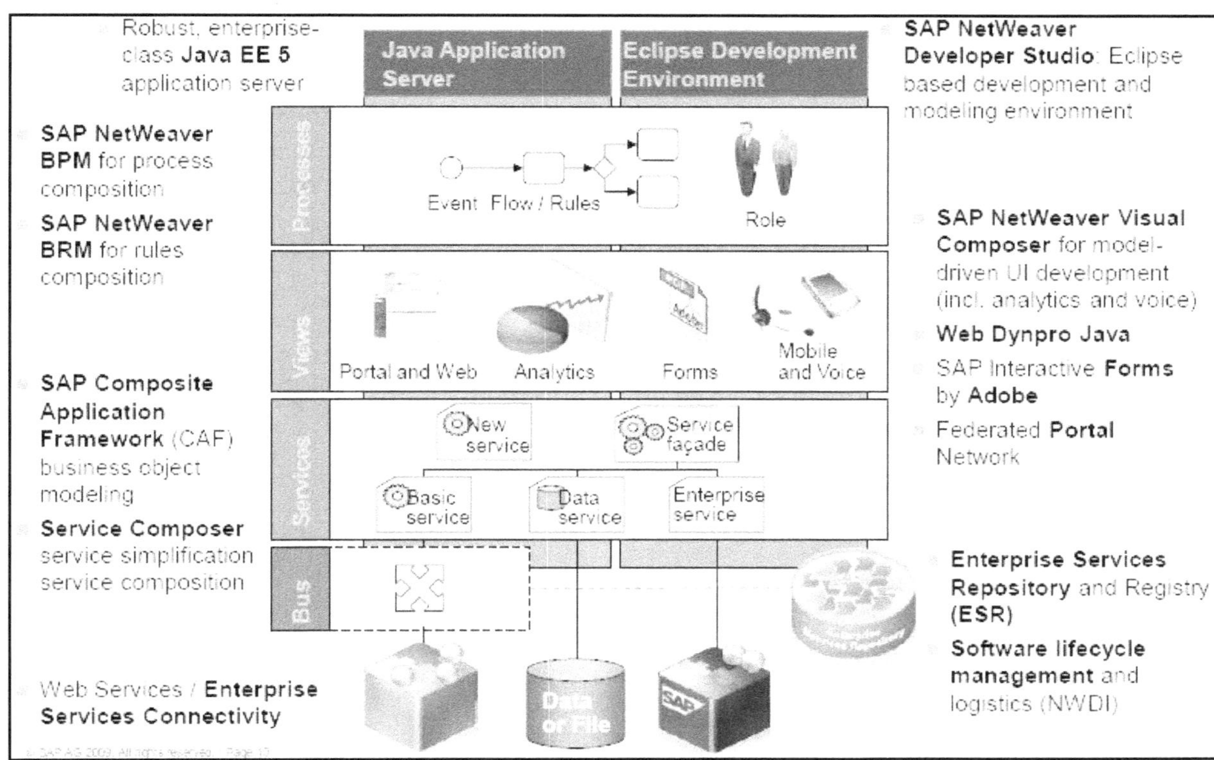

Darst. 2-6: Überblick Composition Environment[9]

[9] Quelle: (Atlan, Iyer, Sadan, Stiehl, & Vogel, 2009)

2.2.4 Composite Applications

„Eine Composite Application ist eine Anwendung, die sich existierender Daten und Funktionen über Service-Aufrufe bedient, die von den in der Systemlandschaft vorhandenen Lösungen zur Verfügung gestellt werden, und kombiniert diese zu neuen, primär kollaborativen Geschäftsprozessen, ergänzt um eigene Benutzeroberflächen und Geschäftslogik" (Rauscher & Stiehl, 2007, S. 26).

Ziel dieser Anwendungen ist somit, existierende Funktionalitäten aus verschiedenen Backend-Systemen in einer neuen Oberfläche zu bündeln. Technische Basis dafür sind Dienste (WebServices), welche von den unterschiedlichen Systemen zur Verfügung gestellt werden.

Im Zentrum steht dabei die Entwicklung einer auf den Anwender zugeschnittenen Oberfläche, die ihn innerhalb des Geschäftsprozesses optimal unterstützt (siehe Darst. 2-7).

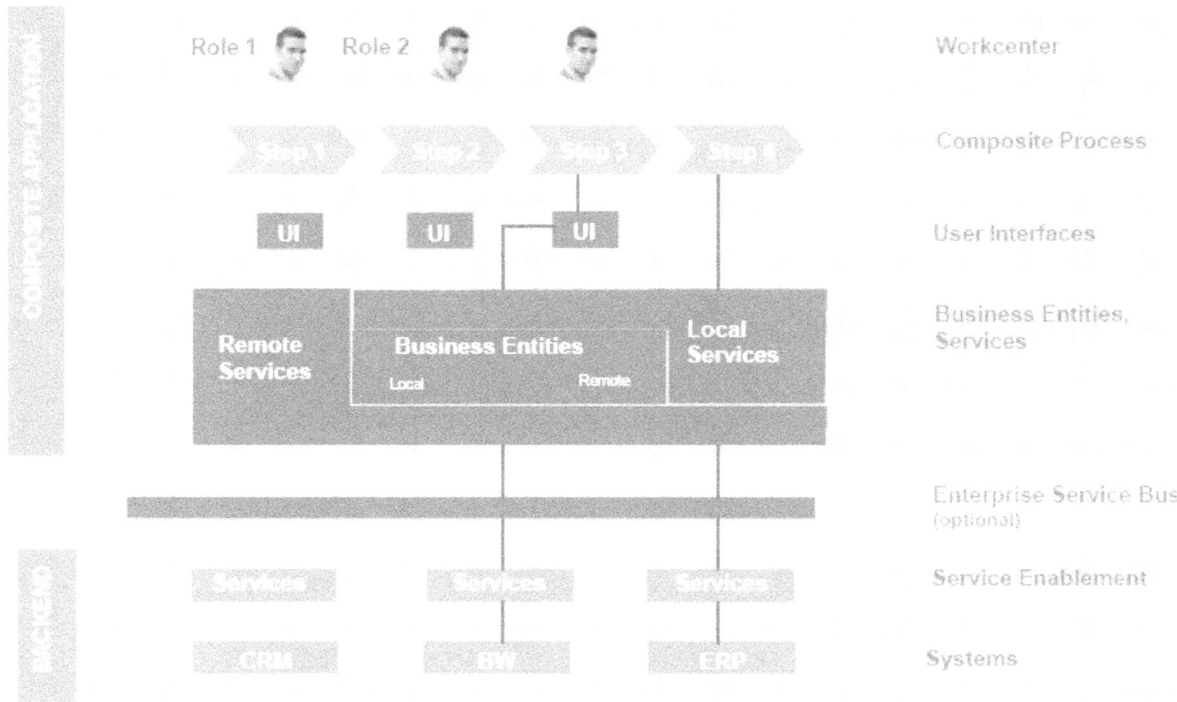

Darst. 2-7: Überblick Composite Application[10]

Innerhalb des Composition Environments stellt das Composition Application Framework (CAF) die technische Basis für die Entwicklung und die Ausführung von Composite Applications bereit.

[10] Quelle: (Atlan, Iyer, Sadan, Stiehl, & Vogel, 2009)

3 SAP Visual Composer

3.1 Einordnung in das SAP-Universum

Der Visual Composer (VC) ist eingebettet in das Composition Environment. Er ist das Werkzeug für die modellbasierte Erstellung von SAP-Anwendungen. Mit dem VC generierte Anwendungen bündeln als Composite Applications die Funktionalitäten verschiedener Backend-Systeme. Wesentliches Merkmal des VC ist seine intuitive Benutzeroberfläche. Mit ihr werden sowohl die Oberflächenelemente als auch die Ablauflogik modelliert.

Ein Ziel bei der Verwendung des VC ist es, die Kommunikationslücken zwischen den verschiedenen Zielgruppen bei der Anwendungsentwicklung zu schließen. Dafür werden verschiedene Sichten bei der Modellierung angeboten, die sich an den Anforderungen der Zielgruppe orientieren. So können Entwickler, Experten für die Benutzerschnittstellen und Experten für die Geschäftslogik gemeinsam an einer Anwendung arbeiten (siehe Darst. 3-1). Dabei wird auch die Arbeit in großen und (örtlich) verteilten Teams unterstützt. Projektteams haben somit die Möglichkeit, gemeinsam an Modellen zu arbeiten.

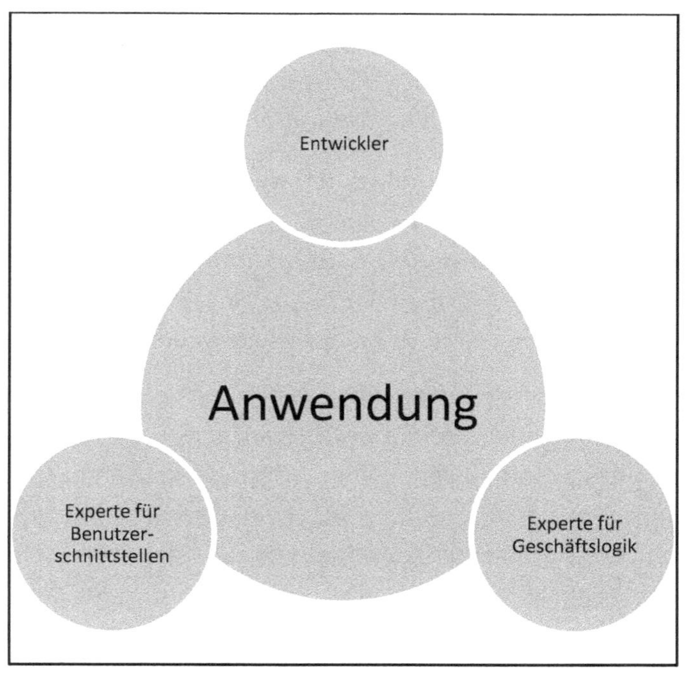

Darst. 3-1: Zielgruppen VC[11]

Der Einsatz des VC ist natürlich auch für Einzelpersonen sinnvoll: Speziell bei kleineren Projekten kann der Geschäftsprozessexperte (Englisch: Business Process Expert, BPX) alle Schritte von der Analyse der Anforderungen bis zur Umsetzung eigenständig durchführen. Darüberhinaus kann der VC für das Prototyping genutzt werden, da hier Schnelligkeit und Flexibilität eine entscheidende Rolle spielen.

Anwendungen, die mit dem VC erstellt werden, bündeln die Informationen aus verschiedenen Systemen in einer Oberfläche. Ein Anwendungsbereich ist damit auch die Datenvisualisierung aus verschiedenen Business-Warehouses (BWs). Aber auch für die Unterstützung von eingabegetriebenen Geschäftsprozessen wird der VC verwendet: Kurze Geschäftsprozesse können in einer einzigen Anwendung realisiert werden (siehe Praxisbeispiel in Kapitel 0). Für komplexere Geschäftsprozesse werden Composite Applications in das Portal und die Prozesssteuerung des Composition Environment (SAP Netweaver BPM) eingebunden.

Bei der Verwendung existierender Funktionen spielt Enterprise SOA (E-SOA) eine entscheidende Rolle: WebServices werden in der zentralen Enterprise Service Registry registriert und können so schnell durchsucht und wiederverwendet werden. Nicht-SAP Systeme werden in dieses Konzept ebenfalls einbezogen. Die SOA-Schicht fungiert damit als Middleware für die neu erstellten

---

[11] Quelle: (Salein, Bönnen, Andreas, & Mutzig, 2010, S. 88)

Composite Applications. Die Vereinheitlichung der Schnittstellen durch WebServices und die Abstraktion von den Backend-Systemen erlaubt die lose Kopplung von Anwendungen und Diensten. Das ist die Basis für flexible Anwendungen und die Umsetzung des SOA-Paradigmas. Gleichzeitig kann durch diese Standardisierung und die modellbasierte Entwicklung auf dieser Ebene vom modellgetriebenen Ansatz bei der Entwicklung profitiert werden.

3.2 Einordnung in die MDA

Der Visual Composer ist ein domänenspezifisches Modellierungswerkzeug für die Erstellung von Anwendungen zur Unterstützung von Geschäftsprozessen (vgl. auch (Tarnoruder, 2007)). Die Domäne ist dabei die Erstellung von Geschäftsanwendungen. Als Modellierungssprache (DSL) wird eine proprietäre, grafische Notation verwendet. Mit ihr werden Datenquellen, Abläufe und Oberflächenelemente modelliert.

Während der Entwicklungszeit wird das Modell mit der proprietären SAP-Modellierungssprache Generic Modeling Language (GML) beschrieben und verarbeitet. Das GML-Modell ist plattformunabhängig (PIM). GML ist eine XML-basierte Sprache, die dem DOM-Standard des World Wide Web Consortium (W3C) folgt (vgl. (Tarnoruder, 2007, S. 12)). GML-DOM ist damit das Metamodel von GML. Anhang A zeigt ein Beispiel für ein GML-Modell (siehe Seite 28).

Bei der Veröffentlichung der Anwendung wird das GML-Modell in die Executable GUI Language (XGL) überführt. „Die Executable GUI Language ist eine generische, ausführbare Spezifikation grafischer Benutzerschnittstellen für Geschäftsanwendungen. XGL ist eine rein deklarative Spezifikationssprache, die als gemeinsame Grundlage für UI-Modellierungstools und viele UI-Laufzeit-Frameworks konzipiert wurde“ (Salein, Bönnen, Andreas, & Mutzig, 2010, S. 90). Sie enthält alle Aspekte einer Benutzeroberfläche und ist dabei unabhängig von Geräten oder anderen Programmiersprachen. Alle Oberflächenelemente werden deklarativ beschrieben. Da XGL nur Laufzeitaspekte berücksichtigen muss, ist sie deutlich weniger komplex als GML. Die Semantik der XGL ist auf Basis eines abstrakten Oberflächen-Frameworks definiert. Für die Ausführung einer mit XGL modellierten Oberfläche muss das Modell für die Zielplattform kompiliert oder zur Laufzeit durch einen Interpreter ausgeführt werden (vgl. (Tarnoruder, 2007, S. 15)). Anhang B zeigt ein Beispiel für ein XGL-Modell (siehe Seite 28).

Das XGL-Modell ist ebenfalls plattformunabhängig (PIM). Der Modellierungszweck ist jedoch im Vergleich zum GML-Modell deutlich schärfer: Aspekte aus der Entwicklungszeit (z.B. grafische Anordnung der Elemente) werden im Modell für die Laufzeit ausgespart. Auch wenn nicht von einem plattformspezifischen Modell (PSM) gesprochen werden kann, verfeinert XGL das GML-Modell.

Die Modell-zu-Modell-Transformation ist innerhalb des Visual Composer umgesetzt und damit nicht einsehbar. Die Modell-zu-Code-Transformation erfolgt bei der Veröffentlichung bzw. bei der Ausführung, wenn ein Interpreter verwendet wird (siehe auch 3.3).

Der Visual Composer folgt bei der Entwicklung nicht der Terminologie bzw. den Konzepten der OMG. Für die Modellierung wird nicht die UML, sondern eine eigene Modelldarstellung und ein eigenes Metamodell verwendet. Die Transformation der Modelle folgt nicht dem QVT-Standard bzw. ist in Teilen nicht offen gelegt. Dennoch sind alle wesentlichen Elemente aus dem MDA-Konzept auch hier vorhanden: Die Modelle werden in einem dokumentierten Modell abgelegt und vor der Ausführung zweckspezifisch transformiert. Die Modellierungsform richtet sich an den Bedürfnissen der Anwendungsdomäne aus.

3.3 Architektur

Die Komponenten des Visual Composer lässt sich zum einen in server- und clientseitige Komponenten unterteilen. Zum anderen wird zwischen Design- und Laufzeitkomponenten unterschieden. Darst. 3-2 gibt einen Überblick über die beteiligten Komponenten. Die wesentlichen Elemente dabei sind das Visual-Composer-Storyboard, der Visual-Composer-Server und der Client für die Laufzeit (angelehnt an (Salein, Bönnen, Andreas, & Mutzig, 2010, S. 112ff)).

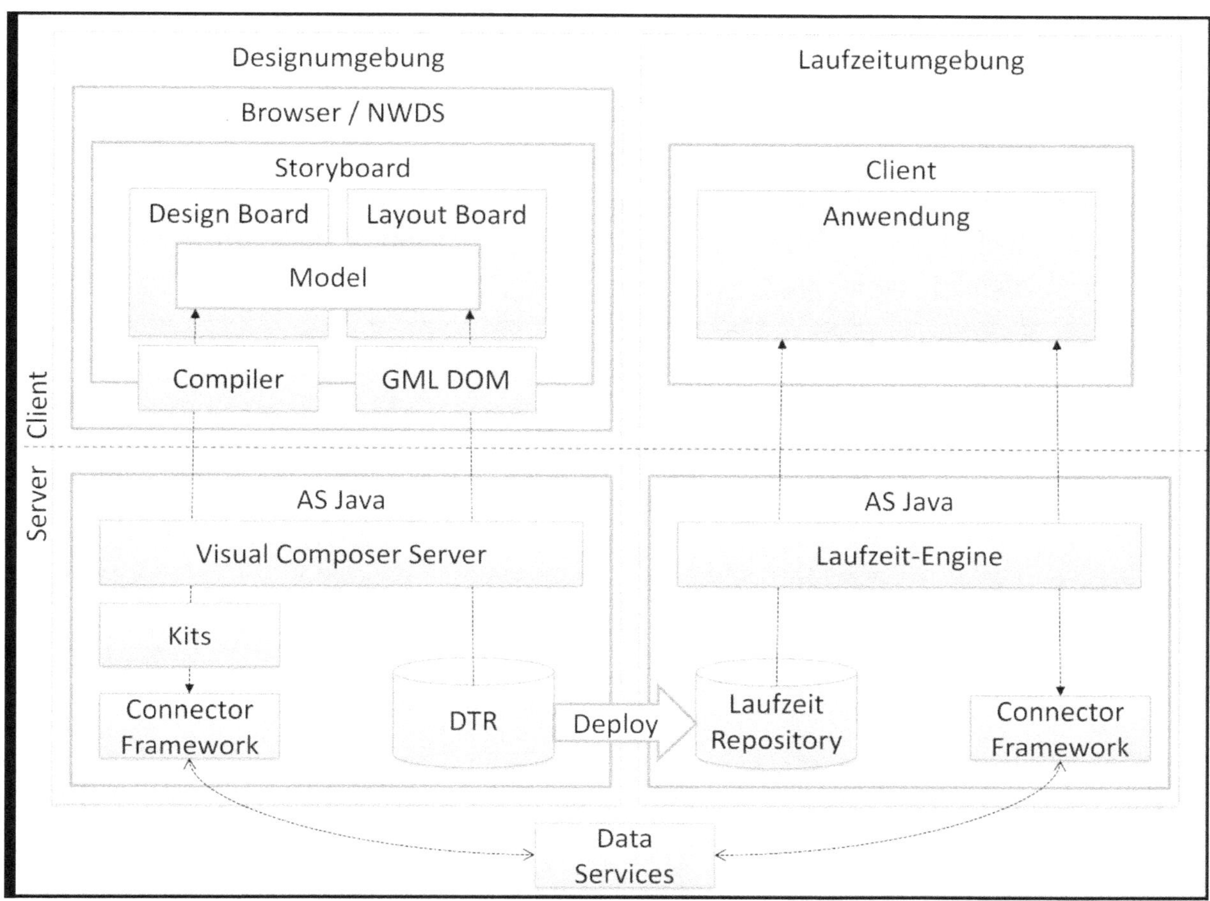

Darst. 3-2: Architektur Visual Composer[12]

3.3.1 Storyboard

Das Storyboard ist die Oberfläche für die Erstellung von Anwendungen. Es wird entweder direkt über den Browser oder als Teil des NWDS ausgeführt. Das Storyboard bildet gemeinsam mit dem Compiler und dem GML DOM neben dem VC-Server den Kern des Visual Composers und dessen Framework für die Modellierung.

Für die Modellierung werden zwei verschiedene Arbeitsmodi angeboten: Mit dem Design Board wird die Ablauflogik und der Datenfluss modelliert. Mit dem Layout Board wird die Darstellung der Oberflächenelemente bearbeitet.

[12] Quelle: (Salein, Bönnen, Andreas, & Mutzig, 2010, S. 113)

3.3.2 Visual-Composer-Server

Der Visual-Composer-Server dient als Schnittstelle zwischen Storyboard und dem Java Application Server (AS). Er stellt dem Anwender das Storyboard zur Verfügung und ist vollständig auf dem Java AS implementiert. Als Kernelement des Modellierungsframeworks stellt er folgende wichtige Dienste breit:

- Funktionen für die Veröffentlichung der Anwendung (Deployment),
- Zugriff auf vorhandene Funktionen über das Connector Framework,
- Modellverwaltung im Design Time Repository und
- Visual Composer Kits zur Erweiterung der Anwendungsfunktionen.

Durch das **Veröffentlichen (Deployment)** der Anwendung erfolgt die Umsetzung des GML-Modells in das XGL-Modell (Modell-zu-Modell-Transformation, siehe auch 3.2). Bei Verwendung eines Compilers wird das XGL-Modell direkt in ausführbaren Code für die Zielplattform umgesetzt und im Laufzeit-Repository veröffentlicht (siehe Darst. 3-3).

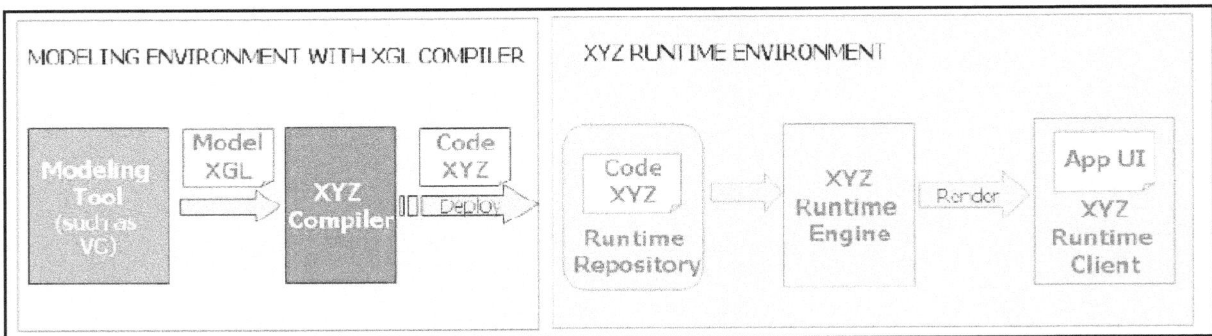

Darst. 3-3: Ausführung VC mit XGL Compiler[13]

Wird für die Ausführung ein XGL-Interpreter[14] verwendet, wird das XGL-Modell selbst im Laufzeit-Repository veröffentlicht (siehe Darst. 3-4). Vorteil bei dieser Variante ist die Plattformunabhängigkeit des XGL-Modells im Laufzeit-Repository.

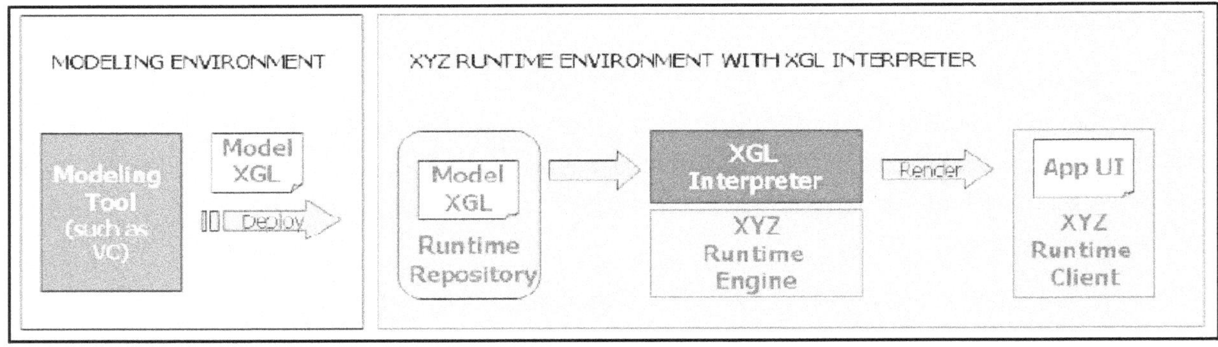

Darst. 3-4: Ausführung VC mit XGL Interpreter[15]

[13] Quelle: (Tarnoruder, 2007, S. 17)

[14] Ein Interpreter übersetzt das Modell zur Laufzeit und führt es direkt aus.

[15] Quelle: (Tarnoruder, 2007, S. 17)

Mit Hilfe des **Connector Framework** haben die VC-Anwendung Zugriff auf die vorhandenen Funktionalitäten der Backend-Systeme. Es bietet dabei unter anderem Zugriff auf Enterprise Services aus dem Enterprise Service Repository, direkten Zugriff auf R/3-Systeme und Zugriff auf das Business Warehouse. Außerdem ist die direkte Einbindung von WebServices auf Basis ihrer WSDL möglich.

Im **Design Time Repository (DTR)** werden die Modelle zentral gespeichert. Es unterstützt dabei die Versionierung von Elementen und die gleichzeitige Bearbeitung durch verschiedene Benutzer.

Mit **Visual Composer Kits** kann die Funktionalität der VC-Kernkomponenten erweitert werden. Beispiele sind Komponenten zur Darstellung von Daten oder ein Formeleditor zur Durchführung von Berechnungen zur Laufzeit.

3.3.3 Laufzeitumgebung

VC-Anwendungen können in verschiedenen Laufzeitumgebungen ausgeführt werden. Durch die Veröffentlichung wird entweder das XGL-Modell oder die kompilierte Anwendung im Laufzeit-Repository eingestellt.

Derzeit stehen folgende XGL-Compiler und XGL-Interpreter zur Verfügung, vgl. (Tarnoruder, 2007, S. 17):

- Web Dynpro Interpreter für HTML und Flex
- Flex Compiler
- VoiceXML[16] Interpreter

Grundsätzlich werden VC-Anwendungen im Browser ausgeführt und in das Portal-System integriert.

[16] Erfordert speziellen Voice-Server. Mit Hilfe dieser Umgebung können sprachgesteuerte Anwendungen z.B. für Service-Hotlines erstellt werden.

4 Praxisbeispiel

4.1 Projektvision „Projekt-Wizard"

In diesem Beispielprojekt wird die Anlage eines neuen Projektes in einem Beratungsunternehmen durch eine VC-Anwendung vereinfacht.

4.1.1 Problembeschreibung

Das Problem	bei der Anlage eines neuen Projektes müssen in verschiedenen Systemen (z.B. Projektmanagementsystem und Zeiterfassungssystem) in verschiedenen Erfassungsmasken Datensätze angelegt werden.
Betroffen sind	davon die Projektleiter und die Verwaltung.
Auswirkung	durch den umständlichen Prozess kommt es vor, dass Datensätze in einem System nicht angelegt werden.
Mögliche Lösung	ist die Entwicklung einer Applikation mit einer einheitlichen Oberfläche zur Datenerfassung bei der Anlage eines neuen Projektes, welche die Datensätze in den beteiligten Backend-Systemen automatisch erzeugt.

4.1.2 Lösungsbeschreibung

Für	die Projektleiter und die Angestellten in der Verwaltung,
die	bei der Anlage eines neuen Projektes Datensätze in verschiedenen Systemen anlegen müssen.
Der „Projekt-Wizard"	ist eine Composite Application auf Basis des Visual Composer,
die	den Prozess zur Anlage eines neuen Projektes in einer einheitlichen Oberfläche unter Berücksichtigung des Prozessablaufes realisiert.
Im Gegensatz	zum derzeitigen Ablauf, bei dem die Anwender verschiedene Bildschirmmasken in unterschiedlichen Systemen bearbeiten müssen.
Unsere Lösung	bietet eine geführte und intuitive Benutzeroberfläche mit der die notwendigen Datensätze automatisch in den Backend-Systemen erzeugt werden (siehe Darst. 4-1).

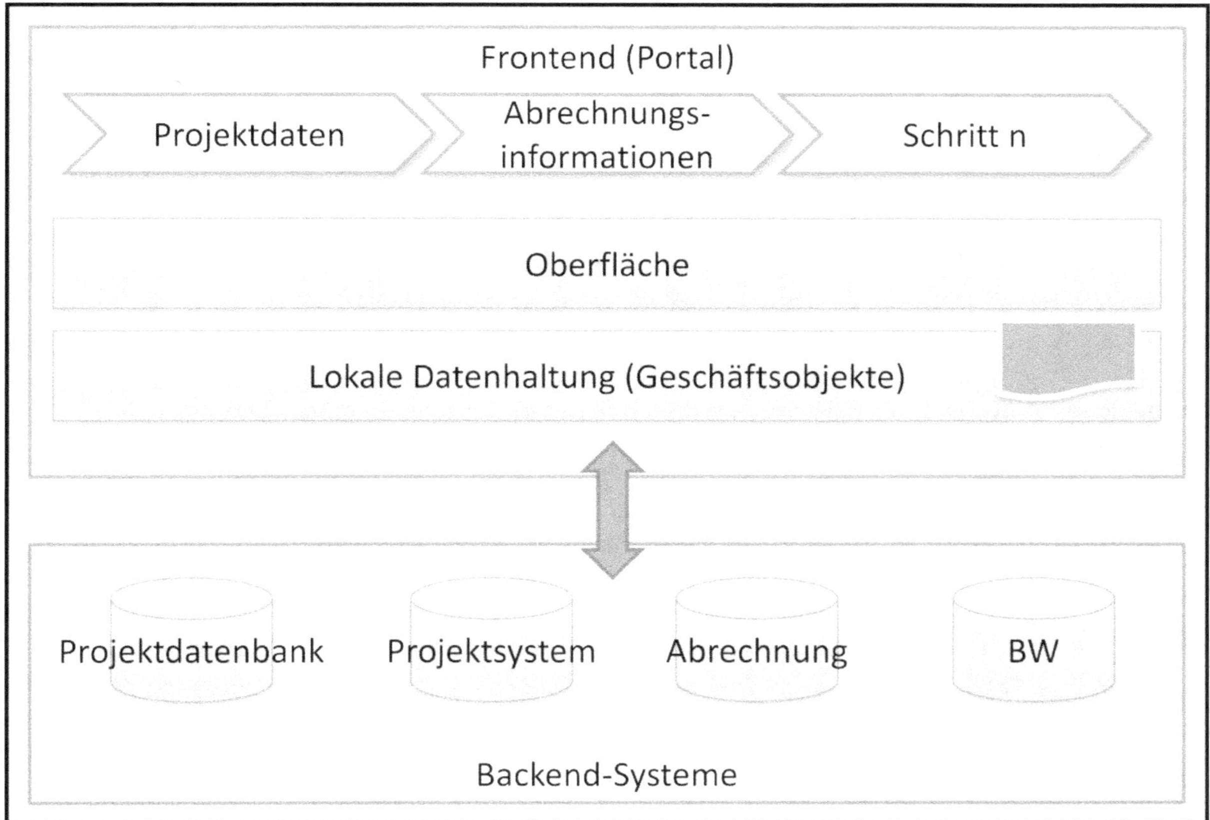

Darst. 4-1: Überblick Beispielszenario[17]

4.1.3 Benutzerumgebung

An dem Prozess zur Anlage eines neuen Projektes sind 5 bis 10 Anwender (Projektleiter und Verwaltung) beteiligt. Pro Monat werden bis zu 15 neue Projekte angelegt.

Die Anwendung wird auf Basis des Visual Composer entwickelt und in das bestehende SAP Portal eingebunden. Der Zugriff auf die Anwendung kann damit mit der Berechtigungssteuerung des Portalsystems gesteuert werden.

Der Projekt-Wizard generiert Vorschlagswerte (Auswahllisten) auf Basis vorhandener Datensätze (z.B. Kunden und Projektleiter). Diese Systeme werden über RFC-Aufrufe[18] angebunden. Für die Erzeugung der Datensätze auf den Backend-Systemen werden WebServices verwendet.

[17] Quelle: eigene Darstellung

[18] Remote Function Call: Methode zum Aufruf von Funktionsbausteinen auf einem entfernten SAP-System

4.1.4 Kernanforderungen

Anforderung	Priorität (A-C)	Eigenschaften	Geplantes Release
Abbildung der wesentlichen Erfassungsschritte	A	Notwendige Erfassungsmasken: - Allgemeine Projektdaten - Daten zur Abrechnung - Informationen über Reisezeiten - Projektplanung (Start/Ende)	1
Geführte Oberfläche	A	Der Anwender wird durch die Applikation bei der Datenerfassung geführt.	1
Vorbelegung von Informationen	B	Existierende Daten werden durch Auswahllisten vorbelegt (z.B. Kunden und Projektleiter).	1
Erzeugen der Datensätze in Backend-Systemen	A	Nach Abschluss des Wizard werden Datensätze in den Backend-Systemen angelegt.	1
Einbindung Projekt-Wizard in automatisierten Workflow	B	Im kommenden Release wird der Projekt-Wizard in einem elektronischen Prozess innerhalb des Portal-Systems eingebunden.	2

4.2 Datenobjekt

Für die Datenhaltung während der Laufzeit wird ein Geschäftsobjekt (Englisch: Business Object, BO) modelliert. Die Daten des BO wer den durch das CAF verwaltet.

Auf Basis der Anforderungen werden folgende Attribute modelliert:

Feld	Typ	Datenherkunft	Schritt
Kunde	String	Werteliste aus externem System	Allgemein
Projektname	String	Eingabe	Allgemein
Projektleiter intern	String	Werteliste aus externem System	Allgemein
Projektleiter extern	String	Eingabe	Allgemein
Projektkategorie	String	Auswahlliste: {Entwicklungsprojekt, Beratungsprojekt, Supportprojekt, Administrativ}	Allgemein
Beschreibung	String	Eingabe	Allgemein
Projektvolumen	Betrag	Eingabe	Verrechnung

KZ Fixpreis	Boole	Eingabe	Verrechnung
KZ Supportvertrag	Boole	Eingabe	Verrechnung
Projektort	String	Eingabe	Reisezeiten
Reisezeit (Stunden)	Zahl	Eingabe; Später berechnet via WebService	Reisezeiten
Projektstart	Datum	Eingabe	Projektplanung
Projektende	Datum	Eingabe	Projektplanung

4.3 Modellierung der Anforderungen

4.3.1 Geschäftsobjekte

Das Geschäftsobjekt (Englisch Business Object, BO) wird mit dem Netweaver Development Studio (NWDS) modelliert. Der zugehörige Java-Quellcode wird in großen Teilen automatisch erzeugt. Die Modellierung und Ausführung sind Teile des Composite Application Framework (CAF).

In diesem Beispiel wird das BO verwendet, um einen zentralen WebService für die Erstellung eines neuen Projektes bereitstellen zu können. Bei Aufruf dieses einen WebService werden die entsprechenden Funktionen in den Backend-Systemen angesprochen. Der WebService kapselt somit die Funktionalität verschiedener weiterer Dienste.

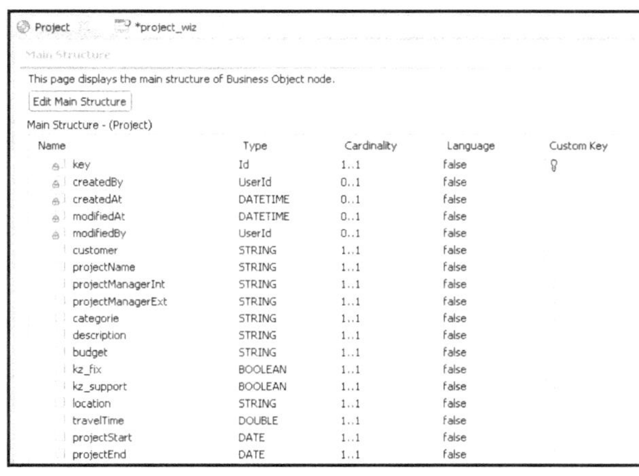

Project *project_wiz

Main Structure

This page displays the main structure of Business Object node.

Edit Main Structure

Main Structure - (Project)

Name	Type	Cardinality	Language	Custom Key
key	Id	1..1	false	
createdBy	UserId	0..1	false	
createdAt	DATETIME	0..1	false	
modifiedAt	DATETIME	0..1	false	
modifiedBy	UserId	0..1	false	
customer	STRING	1..1	false	
projectName	STRING	1..1	false	
projectManagerInt	STRING	1..1	false	
projectManagerExt	STRING	1..1	false	
categorie	STRING	1..1	false	
description	STRING	1..1	false	
budget	STRING	1..1	false	
kz_fix	BOOLEAN	1..1	false	
kz_support	BOOLEAN	1..1	false	
location	STRING	1..1	false	
travelTime	DOUBLE	1..1	false	
projectStart	DATE	1..1	false	
projectEnd	DATE	1..1	false	

Darst. 4-2: Modellierung Business Object[19]

Der Aufruf der verschiedenen Backend-Systeme könnte auch direkt in der VC-Anwendung erfolgen. Durch die Modellierung eines BO erreichen wir jedoch eine höhere Abstraktion, was die Wiederverwendbarkeit und spätere Erweiterbarkeit verbessert.

Im ersten Schritt werden die Attribute des BO modelliert (siehe Darst. 4-2). Obligatorische Attribute (Kardinalität 1..n) werden automatisch in den Konstruktor übernommen.

Im zweiten Schritt wird über das Kontextmenü des BO für die Methode CREATE ein WebService erzeugt. Um die WebServices der Backend-Systeme zu kapseln, wird zusätzlich in Application Service erstellt. Die WSDLs der Backend-Systeme können zu diesem Application Service hinzugefügt werden (siehe Darst. 4-3). Die Operation Z_MK_CREATE_PROJECT_DB stellt die Schnittstelle zur Projekt-Datenbank via RFC zur Verfügung. Die zweite Operation ZMkCreateProjectAbrechnung stellt den WebService für die Anlage eines neuen Projektes in der Abrechnungs-Software dar.

[19] Quelle: eigene Darstellung aus NWDS

Existing Operations

Contains List with all available operations in this object.

Operation Name	Description	Transaction Type	Permission
CREATE_PROJECT	Projekt anlegen	Required	No
Z_MK_CREATE_PROJECT_DB	Generated wrapper to external operation Z_MK_CREATE_PROJECT_DB	Supports	No
ZMkCreateProjectAbrechung	Generated wrapper to external operation ZMkCreateProjectAbrechung	Supports	No

Darst. 4-3: Modellierung Application Service[20]

Durch den Import der Schnittstellenbeschreibungen (WSDLs) kann innerhalb des Quellcodes des Application Service über die Referenz der Instanz auf die Funktionen der externen Dienste zugegriffen werden (siehe Anhang D, Seite 31). Der Rumpf der Methode wird automatisch durch das CAF generiert.

Darst. 4-4 zeigt einen Überblick über das Zusammenspiel der verschiedenen Elemente innerhalb des CAF. Auch wenn der Aufbau aufwendiger als der direkte Aufruf der Dienste in der VC-Anwendung ist, bietet er ein hohes Maß an Flexibilität und erfüllt die Forderung der Entkopplung von Oberflächenlogik und Verarbeitung.

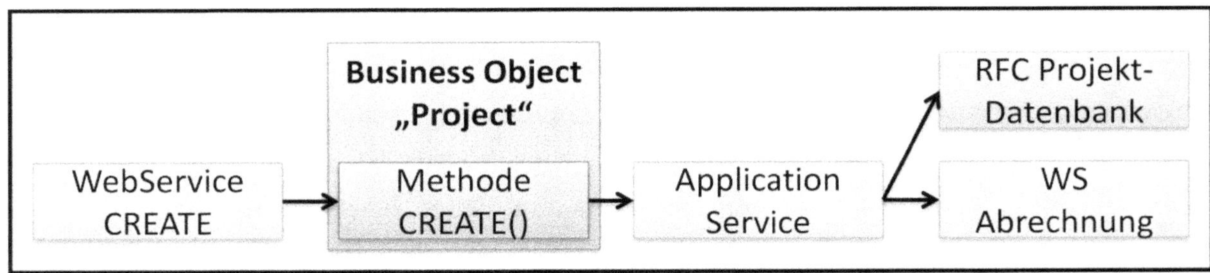

Darst. 4-4: Zusammenspiel WS und Appl. Service[21]

4.3.2 Ablauflogik

Die Logik zur Erzeugung eines neuen Projektes wird innerhalb der VC-Anwendung in einer Service-Komponente gekapselt. Eine Service Komponente fungiert als Datenservice in VC-Anwendungen und beinhaltet einen oder mehrere Datenservices. In unserem Beispiel wird hier der neu erstellte WebService des BO aufgerufen[22] (siehe Darst. 4-5).

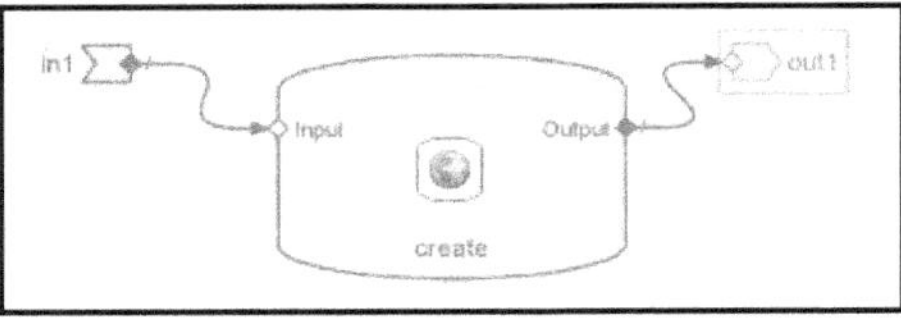

Darst. 4-5: Modell Service Komponente[23]

Nach Erstellung der Service-Komponente beginnt die Modellierung der Hauptanwendung. Basis ist die Wizard-Komponente, mit der verschiedene Fenster und deren Übergänge modelliert werden können (siehe Darst. 4-6).

[20] Quelle: eigene Darstellung aus NWDS

[21] Quelle: eigene Darstellung

[22] Der WebService muss vor der Verwendung in der Administration des Netweaver-Servers eingerichtet werden.

[23] Quelle: eigene Darstellung auf VC

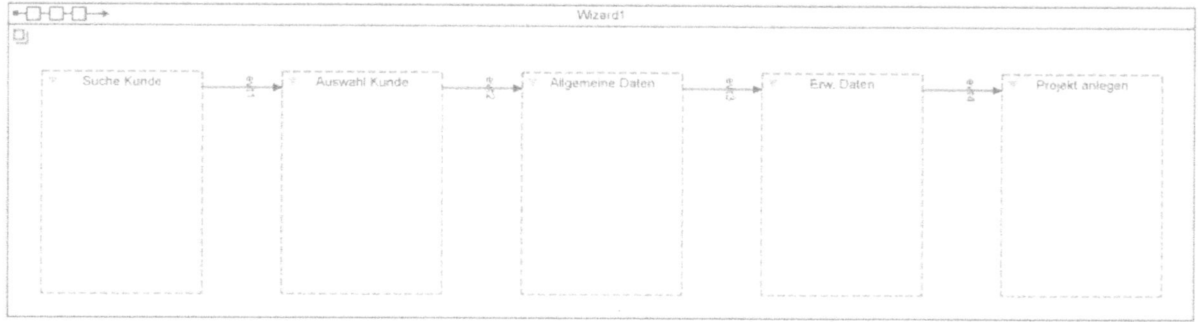

Darst. 4-6: Wizard-Struktur[24]

In diesem Beispiel wird der Anwender durch die folgenden Sichten geführt:

- Suche Kunde: Selektionsparameter für die Auswahl des Kunden
- Auswahl Kunde: Ergebnisliste zur Auswahl des Kunden
- Allgemeine Daten: Eingabe allgemeine Projektdaten
- Erweiterte. Daten: Eingabe erweiterte Daten zu Projekt
- Projekt anlegen: Abschließende Seite zur Bestätigung der eingegebenen Daten

Für die Kundensuche wird ein vorhandener Funktionsbaustein verwendet. Der Funktionsbaustein wird via Drag&Drop auf das Designboard gezogen. Auf Basis der Schnittstellen wird wiederum via Drag&Drop im ersten Schritt ein Eingabeformular und im zweiten Schritt eine Ausgabetabelle erzeugt. Die Verbindung zwischen den beiden Schritten wird durch Bestätigung der Selektionsoptionen (Ereignis „submit“) im ersten Schritt ausgelöst (siehe Darst. 4-7). Im Layoutmodus können die Oberflächenelemente umbenannt und angeordnet werden. Außerdem werden hier zusätzliche Drucktasten für die Vorwärts- und Rückwärtsnavigation eingefügt.

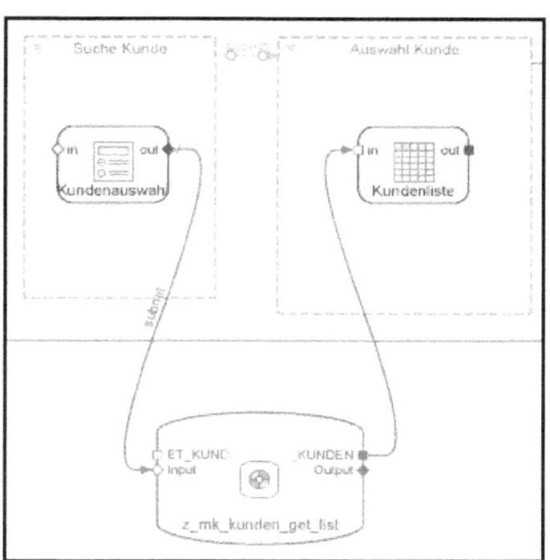

Darst. 4-7: Einbindung RFC-Baustein[25]

Da die Felder in den restlichen Schritten abhängig von den Eingabeparametern des WebService sind, fügen wir zunächst die bereits modellierte Service Komponente in das Modell ein. Auf Basis ihrer Schnittstelle kann via Drag&Drop das Formular im letzten Schritt des Wizards zur Bestätigung der Daten erzeugt werden (siehe Darst. 4-8).

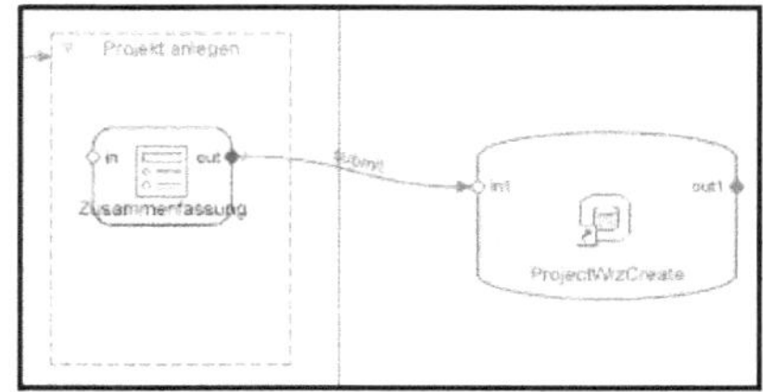

Darst. 4-8: Einbindung Service Komp.[26]

[24] Quelle: eigene Darstellung aus VC

[25] Quelle: eigene Darstellung aus VC

[26] Quelle: eigene Darstellung aus VC

Nun fehlen noch die Eingabefelder in den Schritten drei und vier. In diesem Beispiel werden die Eingabefelder manuell auf die beiden Bildschirme verteilt und die Eingabedaten in einem DataStore temporär zwischengespeichert. Die Informationen im DataStore sind die Quelle für die Formulardaten des letzten Schrittes (siehe Darst. 4-9).

Um Eingabefelder zu vermeiden, werden bei der Auswahl des internen Projektleiters und der Projektkategorie Auswahlfelder verwendet. Die Werte bei der Auswahl des Projektleiters werden dynamisch durch den Aufruf eines existierenden Funktionsbaustein generiert (siehe Darst. 4-10).

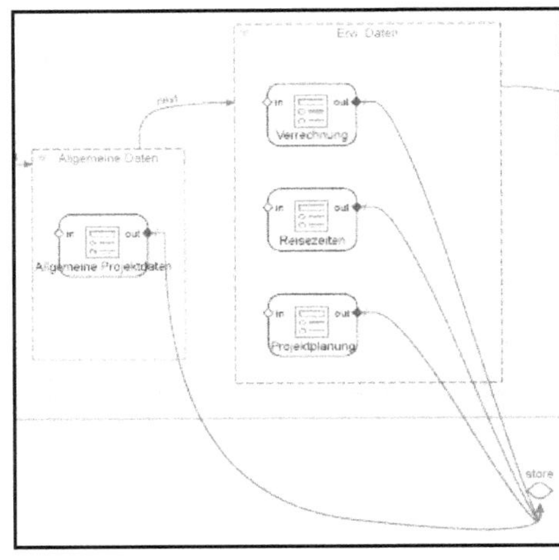

Darst. 4-9: Verwendung Data Store[27]

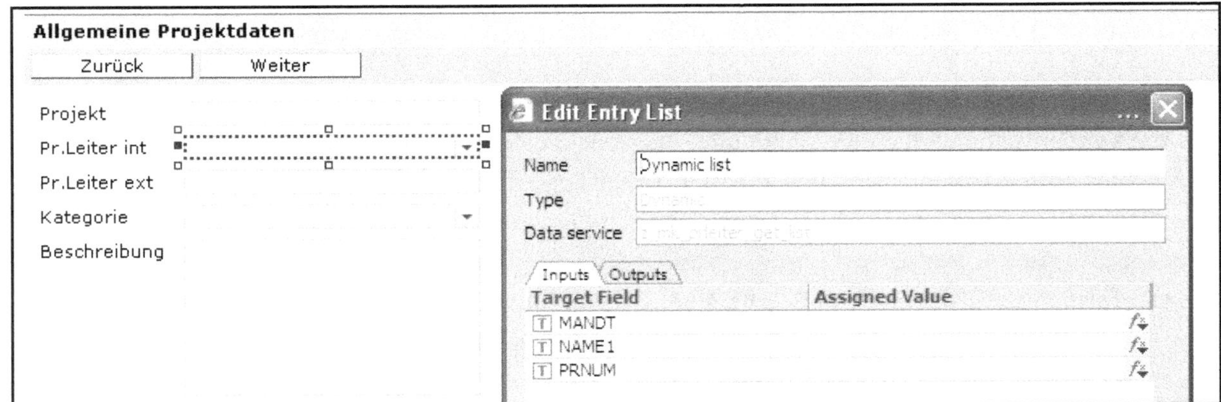

Darst. 4-10: Generierung DropDown-Liste[28]

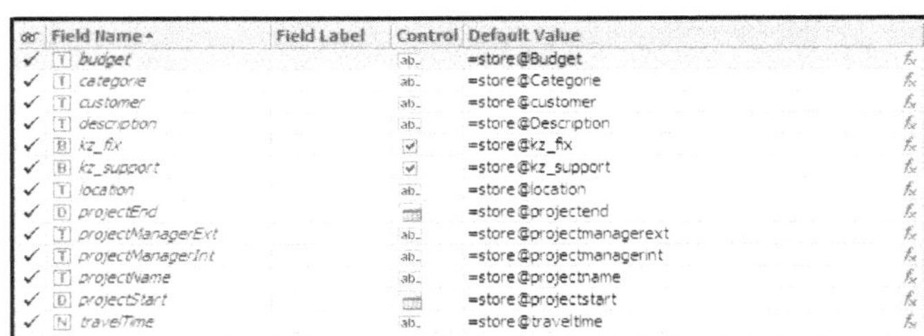

Field Name	Field Label	Control	Default Value
budget		ab.	=store@Budget
categorie		ab.	=store@Categorie
customer		ab.	=store@customer
description		ab.	=store@Description
kz_fix		✓	=store@kz_fix
kz_support		✓	=store@kz_support
location		ab.	=store@location
projectEnd			=store@projectend
projectManagerExt		ab.	=store@projectmanagerext
projectManagerInt		ab.	=store@projectmanagerint
projectName		ab.	=store@projectname
projectStart			=store@projectstart
travelTime		ab.	=store@traveltime

Darst. 4-11: Zugriff auf DataStore[29]

Abschließend werden die Inhalte des DataStore den Formularfeldern im letzten Schritt zugeordnet (siehe Darst. 4-11).

Darst. 4-12 zeigt das vollständige Modell im Design-Board.

[27] Quelle: eigene Darstellung aus VC

[28] Quelle: eigene Darstellung aus VC

[29] Quelle: eigene Darstellung aus VC

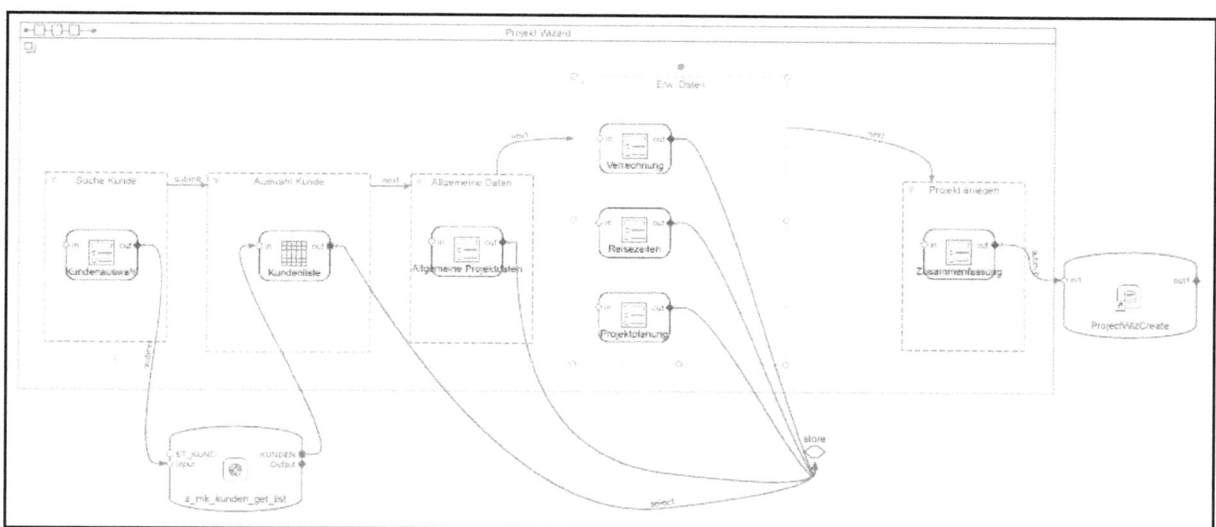

Darst. 4-12: Modell Beispielszenario in VC[30]

4.3.3 Oberfläche

Die Gestaltung der Oberfläche kann in der Layoutansicht verfeinert werden. Hier können vorhandene Elemente unbenannt und verschoben oder neue Elemente eingefügt werden. Verfügbar sind z.B. Drucktasten, Auswahlfelder, Hyperlinks oder Platzhalter für Bilder.

In unserem Beispielprojekt wird in der Layoutansicht insbesondere eine einheitliche Navigation durch Drucktasten im oberen Bereich der Formulare erstellt. Außerdem werden Text und Struktur der Formulare angepasst.

Darst. 4-13 zeigt die Arbeit mit dem Layout-Board.

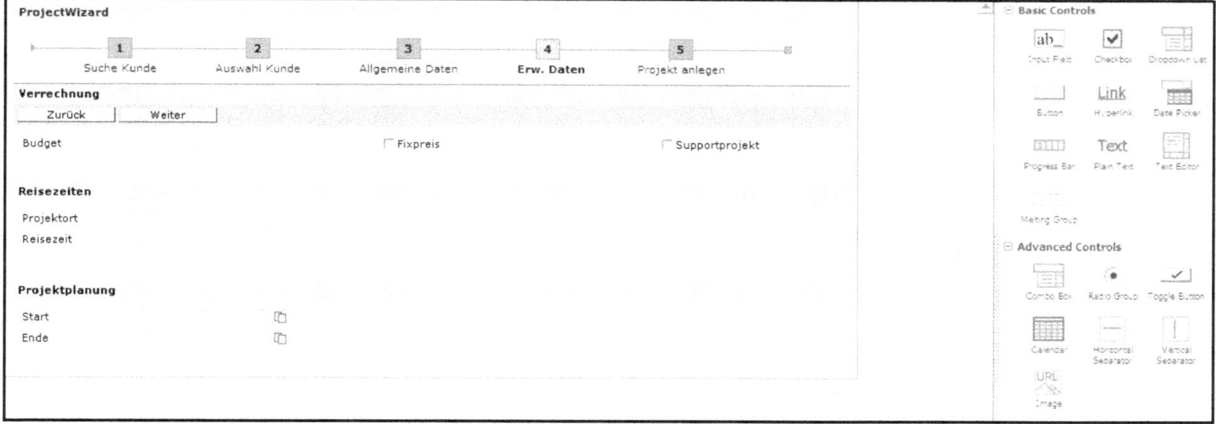

Darst. 4-13: Layoutboard Beispielszenario[31]

[30] Quelle: eigene Darstellung aus VC

[31] Quelle: eigene Darstellung aus VC

4.4 Veröffentlichung der Anwendung

Nach dem Abschluss der Modellierung kann die Anwendung direkt aus dem VC veröffentlicht auf aufgerufen werden. Der VC bietet außerdem die Möglichkeit den erzeugten XGL-Code zu überprüfen. Darst. 4-14 zeigt einen Teil des XGL-Code für die Einbindung des Funktions-bausteins zum Auslesen der Kundenliste.

```
- <xg:Service urn="09c156953fd630789464e66c22bc703c" description="z_mk_kunden_get_list"
    xmlns:xg="http://www.sap.com/visualcomposer/2006/xgl2.2"
    xmlns:rnt="http://www.sap.com/visualcomposer/2006/runtime"
    xmlns:rfc="http://www.sap.com/visualcomposer/2006/runtime/rfc">
  - <rnt:Implementations>
      <rnt:Implementation runtimeEngine="SAPFactory" runtimeVersion="1.1.0.0"
        rfc:NormalizationDelimiter="" rfc:appName="Z_MK_KUNDEN_GET_LIST"/>
    </rnt:Implementations>
  - <xg:Data>
    - <xg:Infoshapes>
      - <xg:Array id="U1_R" appName="ET_KUNDEN" name="ET_KUNDEN">
          <xg:String appName="MANDT" appType="string" name="MANDT"/>
          <xg:String appName="ORT" appType="string" name="ORT"/>
          <xg:String appName="KUNNR" appType="string" name="KUNNR"/>
          <xg:String appName="NAME1" appType="string" name="NAME1"/>
        </xg:Array>
      - <xg:Singleton id="U1_L" appName="Input" name="Input">
          <xg:String appName="IF_ORT" appType="string" name="IF_ORT"/>
          <xg:String appName="IF_NAME" appType="string" name="IF_NAME"/>
        </xg:Singleton>
      - <xg:Singleton id="U1_O" appName="ConfigPort" name="ConfigPort">
          <xg:Boolean appName="rfc:AutoCommit" appType="boolean"
            name="AutoCommit"/>
          <xg:Boolean appName="rfc:AutoConvert" appType="boolean"
            name="AutoConvert"/>
        </xg:Singleton>
        <xg:Singleton id="U1_W" appName="Output" name="Output"/>
      </xg:Infoshapes>
    - <xg:Infosets>
        <xg:Infoset id="B" infoshape="U1_R"/>
        <xg:Infoset id="F" infoshape="U1_L"/>
      - <xg:Infoset id="C" infoshape="U1_O">
        - <xg:struct>
            <xg:boolean name="AutoConvert">false</xg:boolean>
            <xg:boolean name="AutoCommit">false</xg:boolean>
          </xg:struct>
        </xg:Infoset>
        <xg:Infoset id="J" infoshape="U1_W"/>
      </xg:Infosets>
      <xg:Infoactors/>
      <xg:Operators/>
      <xg:Enumerations/>
    </xg:Data>
```

Darst. 4-14: XGL-Code Beispielszenario[32]

Für einen Beispieldurchlauf mit dem Projekt-Wizard siehe Anhang (Seite 29).

4.5 Planung Folgerelease

Die erste Version des Projekt-Wizard erfüllt die Kernanforderungen aus dem Visionsdokument. Zur weiteren Verbesserung der Bedienbarkeit können in Zukunft noch folgende Anforderungen umgesetzt werden:

- Automatische Berechnung der Reisezeit durch externen WebService
- Anzeige von Kunden- und Projektleitername in der Zusammenfassung
- Zusätzlicher Schritt zur Angabe von Projektmeilensteinen

Die Ablauflogik kann mit dem VC auch so erweitert werden, dass verschiedene Pfade durch den Wizard möglich sind (z.B. anhand der gewählten Projektkategorie).

Außerdem kann die Anwendung leicht in die bestehende Portallösung eingebunden werden.

Ferner ist es möglich das erzeugte Business Object und die VC-Anwendung in einen elektronischen Workflow einzubinden. Diese Workflows werden ebenfalls innerhalb des Composition Environments modelliert und ausgeführt. Als Modellierungssprache kommt hier BPMN zum Einsatz.

Darst. 4-15 zeigt exemplarisch die Oberfläche für die Modellierung von Geschäftsprozessen im Composition Environment.

---

[32] Quelle: eigene Darstellung aus VC

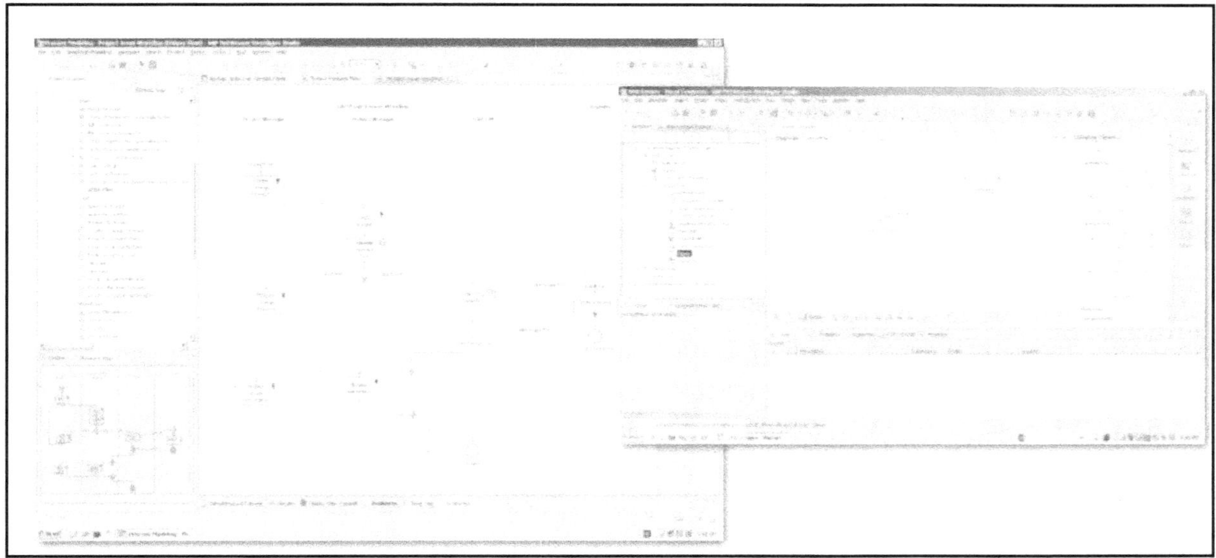

Darst. 4-15: Integration BPMN und VC[33]

[33] Quelle: (Steyn & Yackel, 2009)

5 Ergebnisse und Perspektiven

Die Firma SAP bietet mit dem Visual Composer ein Werkzeug für die modellbasierte Entwicklung von Oberflächen. Der Anwendungsfokus liegt dabei auf der Unterstützung von Geschäftsprozessen durch die Integration von Funktionen in einer einheitlichen und intuitiven Oberfläche. Der Visual Composer verwendet dabei eine eigenentwickelte domänenspezifische Modellierungssprache. Für die Umsetzung in ein ausführbares Modell bzw. Quellcode werden proprietäre Umformungen in eigens geschaffene Modellformate verwendet. Damit folgt Visual Composer nicht den Vorgaben, welche die OMG für die modellbasierte Softwareentwicklung macht. Die Vorgehensweise und die verwendeten Konzepte lehnen sich jedoch an die MDA an. Der Vorteil dabei ist, dass die Modellierungssprache sehr gut an die verwendete Domäne angepasst ist. Die Oberfläche ist für die Zielgruppe sehr intuitiv, so dass die Anwender selbstständig mit dem Werkzeug arbeiten können. Durch die starke Spezialisierung können außerdem aus dem Modell direkt lauffähige Anwendungen erstellt werden. Im Gegensatz dazu erzeugen generische Modellierungswerkzeuge nur Teile des Quellcodes und die eigentliche Implementierung muss manuell erfolgen.

Durch die intuitive Oberfläche und die direkte Erzeugung von lauffähigen Anwendungen kann der Geschäftsprozessexperte in Zusammenarbeit mit der Fachabteilung die Anwendung konzipieren und umsetzen. Bei der Kommunikation mit der IT-Abteilung können konkrete Funktionen angefordert werden. Die Bereitstellung der Funktionalität durch die IT basiert auf dem SOA-Paradigma. Damit sind Funktionen losgelöst, gekapselt und mehrfach verwendbar. Dieses Vorgehen garantiert klare Schnittstellen und verbessert damit die Kommunikation zwischen Fachabteilung und IT.

Die Arbeit mit dem Visual Composer zeigt auch, dass möglichst viele Elemente und Schnittstellen standardisiert werden müssen, um möglichst stark von der modellbasierten Softwareentwicklung profitieren zu können. Durch das Anbieten von WebServices ist dies zumindest auf technischer Ebene bereits geschehen. Composite Applications nutzen diese technische Entwicklung. Somit können sie Funktionen in einer Oberfläche integrieren und bieten den Benutzern damit einen echten Mehrwert bei der täglichen Arbeit.

Durch den Zugriff auf vorhandene Funktionen aus den Kernsystemen (Backend-Systemen) und die verkürzte Entwicklungszeit durch die Anwendung der modellbasierten Softwareentwicklung kann mit diesen Anwendungen schneller auf geänderte Anforderungen reagiert werden: Zum einen kann in der Oberfläche schneller auf Änderungen in den Geschäftsprozessen reagiert werden. Zum anderen können neue Oberflächen-Technologien gezielt in Geschäftsanwendungen genutzt werden. SAP unterstützt die schnelle Innovationszyklen in diesem Bereich durch einen von Netweaver losgelösten Releasezyklus des Composition Environment. Es ist geplant, halbjährlich eine neue Version zu veröffentlichen.

Kurz gesagt ist der Visual Composer eine sehr gute Anwendung für einen sehr speziellen Bereich. Das Werkzeug bietet viel Potenzial für die Zukunft. Der nächste große Schritt bei der Entwicklung ist die direkte Integration in die Prozessmodellierung mit BPMN. Durch die Umsetzung von Konzepten der modellbasierten Softwareentwicklung kann die Entwicklung beschleunigt und damit schneller auf neue Anforderungen reagiert werden. Schnelligkeit und Flexibilität sind Anforderungen, die gerade bei der Unterstützung von Geschäftsprozessen durch angepasste Oberflächen auftreten.

Der Visual Composer ist kein Allround-Werkzeug – gerade deshalb sollte man seine Entwicklung weiter aufmerksam beobachten.

Anhang A: GML Beispiel

```
- <GML xmlns:gml2="core.gml2;1.0.0" xmlns:z="core.svg:ZDrawing;7.1.4">
  - <gml2:Scenario id="0bfd6220ac5e11dbaed00012799446de" name="Test1" references="D" lastId="AL"
      modified="06/02/2007" version="1.0">
    - <root>
      - <gml2:Window id="A" name="Test1" layoutType="vflow" size="640 480" scaleMode="fit" z:pos="50 0"
          z:size="700 300">
        - <links>
            <gml2:DataFlow id="P" source="I" target="N" z:controls="" z:lpos="395 80 -43.603" z:path="q 20 0
              51.5 -30 q 31.5 -30 51.5 -30"/>
            <gml2:DataBind id="AH" source="O" target="AF" z:controls="12 0" z:lpos="550.5 67.5 90" z:path="h 27
              v 35 h 11"/>
          </links>
        - <members>
          + <gml2:RemoteFunction id="E" name="Bapi_bank_getlist" appType="SAPFactory" icon16=""
              icon32="core.gml2~res:skins.neutral.symbols.infoactors.SAPFunction32.gif" systemType="local"
              systemAlias="driveC" z:pos="215 105" z:size="250 80">
          + <gml2:FormView id="K" name="Output Cluster Plug Form" viewNode="=@AX" formLayout="vflow"
              z:pos="485 60">
          + <gml2:GridView id="AC" name="Output Embedded Cluster Table2" showPagingbar="true"
              pagbar="pageLevel rowLevel posIndicator" viewNode="=@BB" scaleMode="fitw" z:pos="600 95">
            <gml2:Note id="AL" notes="tydyd" z:pos="320 230"/>
          </members>
        - <plugs>
            <gml2:TRPlugOut id="C"/>
          </plugs>
        - <toolbar>
            <gml2:Toolbar id="B" dock="top"/>
          </toolbar>
        </gml2:Window>
      </root>
      <runtimeData/>
      <configEditor/>
    </gml2:Scenario>
</GML>
```

Quelle: (Tarnoruder, 2007, S. 12)

Anhang B: XGL-Beispiel

```
- <xg:Scenario urn="B" description="Scenario B"
    xmlns:xg="http://www.sap.com/visualcomposer/2006/xgl2.2"
    xmlns:rnt="http://www.sap.com/visualcomposer/2006/runtime">
  - <rnt:Implementations>
      <rnt:Implementation runtimeVersion="2.2" runtimeEngine="XGL" />
    </rnt:Implementations>
  + <xg:Window title="=TRANSLATE("4hahp0h4p6ma42ka7k6p")" id="A" width="640" height="480">
  - <xg:Data>
    - <xg:Infoshapes>
      + <xg:Singleton id="U1_AP" name="configParams">
      + <xg:Array id="U2_R" appName="BANK_LIST" required="true" name="BANK_LIST">
      + <xg:Singleton id="U2_L" appName="Input" required="true" name="Input">
      + <xg:Singleton id="U2_O" appName="ConfigPort" name="ConfigPort">
      + <xg:Singleton id="U2_W" appName="RETURN" required="true" name="RETURN">
      + <xg:Singleton id="U1_V_BA" regularity="1" required="false" name="IShape_BA">
        <xg:Singleton id="U1_BA_BASE" />
      + <xg:Array id="U1_V_BR" regularity="1" required="true" name="IShape_BR">
      </xg:Infoshapes>
    + <xg:Infosets>
    + <xg:Infoactors>
      <xg:Operators />
      <xg:Enumerations />
    </xg:Data>
  - <xg:Controller>
    + <xg:Actions>
    + <xg:Relays>
    - <xg:ExecutionPlans>
      - <xg:Plan id="BF" action="USER:SUBMIT" scope="BA_UI">
```

Quelle: (Tarnoruder, 2007, S. 16)

Anhang C: Beispieldurchlauf Projekt-Wizard

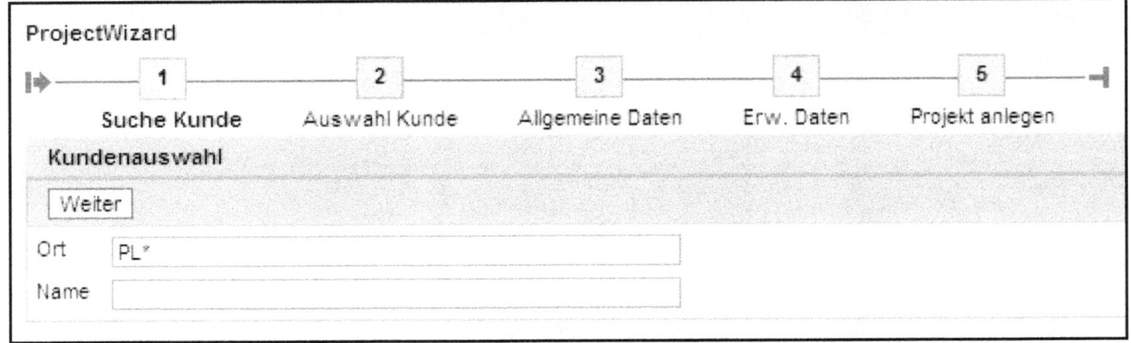

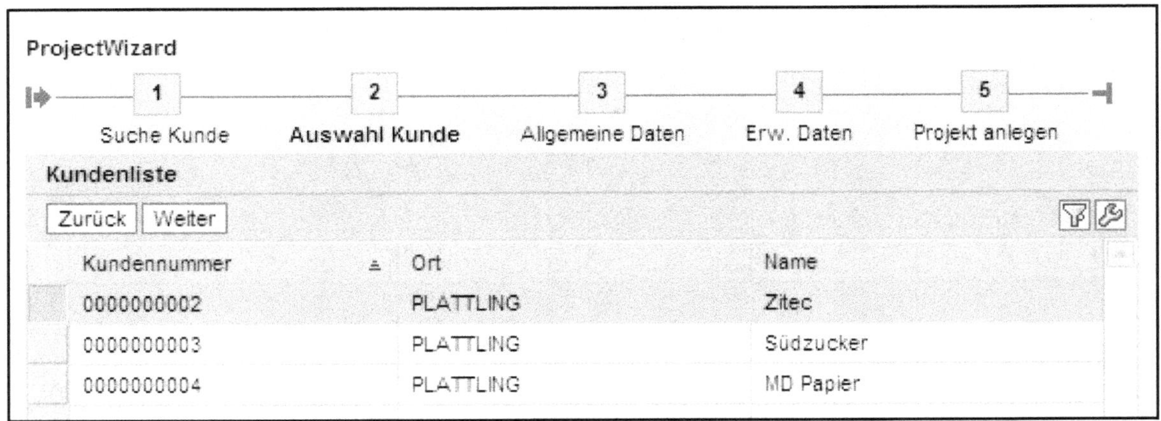

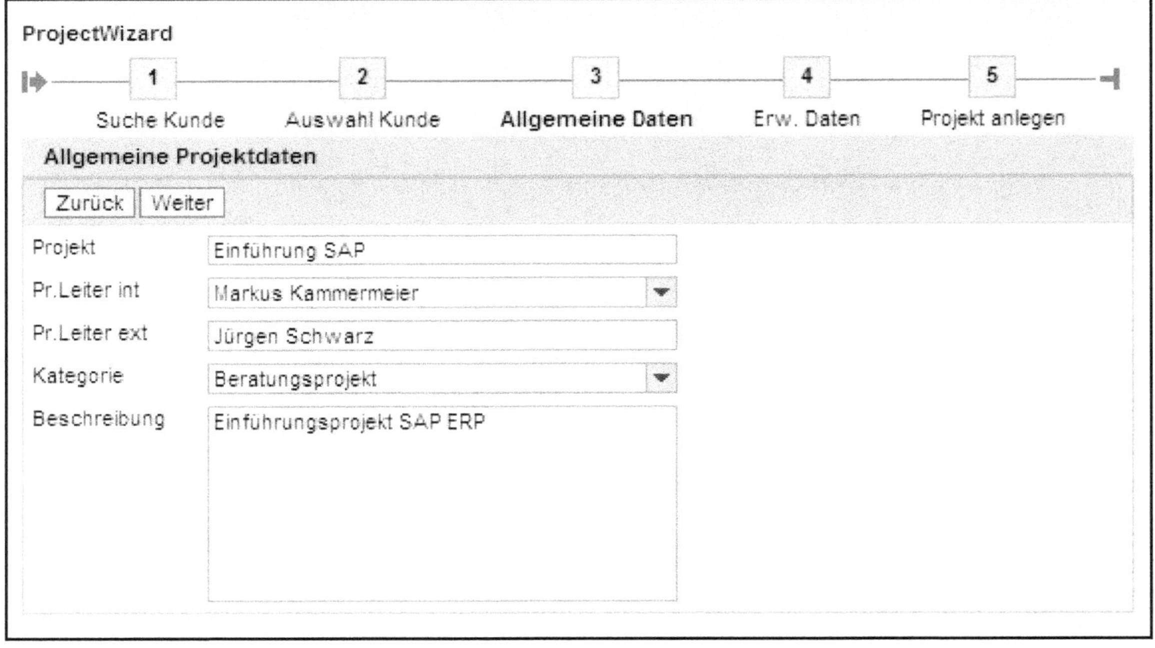

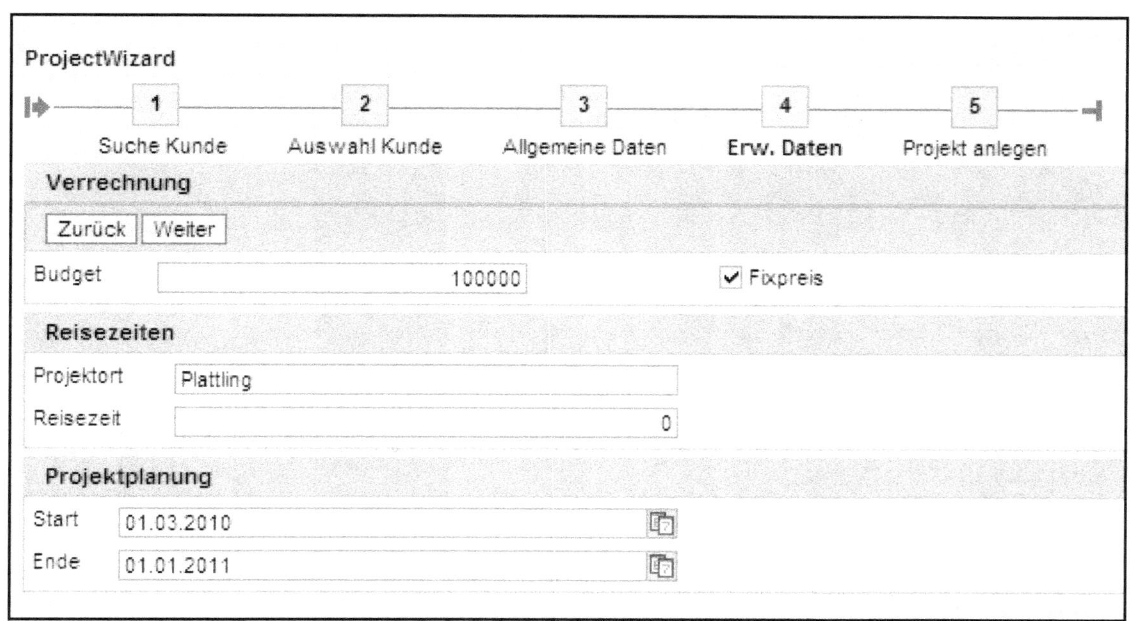
ProjectWizard
1 Suche Kunde
2 Auswahl Kunde
3 Allgemeine Daten
4 Erw. Daten
5 Projekt anlegen
Verrechnung
Zurück
Weiter
Budget
100000
Fixpreis
Reisezeiten
Projektort
Plattling
Reisezeit
0
Projektplanung
Start
01.03.2010
Ende
01.01.2011

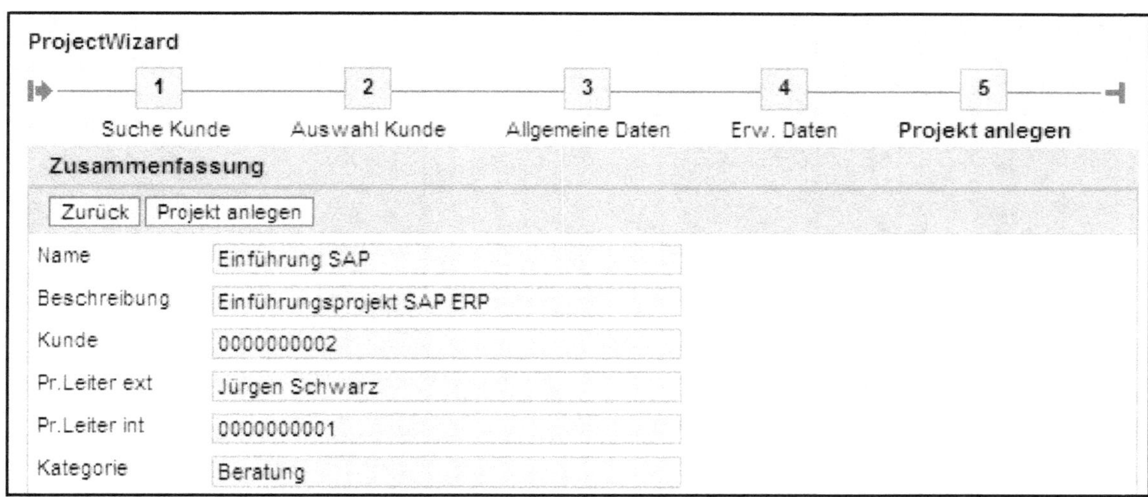
ProjectWizard
1 Suche Kunde
2 Auswahl Kunde
3 Allgemeine Daten
4 Erw. Daten
5 Projekt anlegen
Zusammenfassung
Zurück
Projekt anlegen
Name
Einführung SAP
Beschreibung
Einführungsprojekt SAP ERP
Kunde
0000000002
Pr.Leiter ext
Jürgen Schwarz
Pr.Leiter int
0000000001
Kategorie
Beratung

Anhang D: Quellcode Application Service (CAF)

```
package com.sap.demo.project_wiz.modeled.appsrv.zmk_create_project_abrechnung;

import com.sap.demo.project_wiz.types.TypeCopy1;


@com.sap.caf.dt.CAFWebService(name="ZMK_CREATE_PROJECT_ABRECHNUNG")
@javax.jws.soap.SOAPBinding(style=javax.jws.soap.SOAPBinding.Style.RPC,
use=javax.jws.soap.SOAPBinding.Use.LITERAL)
@javax.jws.WebService(name="ZMK_CREATE_PROJECT_ABRECHNUNG", serviceName="CreateProjekt_AS",
portName="CreateProjekt_ASPort",
targetNamespace="http://www.sap.com/caf/demo.sap.com/project_wiz/modeled", wsdlLocation="META-
INF/wsdl/ZMK_CREATE_PROJECT_ABRECHNUNG.wsdl")
@javax.ejb.Stateless(name =
"com.sap.demo.project_wiz.modeled.appsrv.zmk_create_project_abrechnung.ZMK_CREATE_PROJECT_ABRE
CHNUNG")
@javax.ejb.Local(value = {
com.sap.demo.project_wiz.modeled.appsrv.zmk_create_project_abrechnung.ZMK_CREATE_PROJECT_ABREC
HNUNGServiceLocal.class })
@javax.interceptor.Interceptors(value = { com.sap.caf.rt.interceptors.LogInterceptor.class })
public class ZMK_CREATE_PROJECT_ABRECHNUNGBeanImpl
		extends

	com.sap.demo.project_wiz.modeled.appsrv.zmk_create_project_abrechnung.ZMK_CREATE_PROJEC
T_ABRECHNUNGBean {
	@com.sap.caf.dt.CAFOperation(name = "CREATE_PROJECT")
	@javax.jws.WebMethod(exclude=false, operationName="CREATE_PROJECT")

	public void CREATE_PROJECT(
			@javax.jws.WebParam(name="inputParameter1")
			com.sap.demo.project_wiz.types.Project i_project_ref) {

		// Hier rufe ich meine Methoden auf (external Services)

		// ******************************************************************
		// Aufruf externer RFC für Erzeugung Projekt in Projekt-Datenbank
		try	{
			this.Z_MK_CREATE_PROJECT_DB(i_project_ref.getCustomer(),
				i_project_ref.getProjectManagerInt(),
				i_project_ref.getProjectName());
		}
		catch (Exception e) {
			// TODO: handle exception
		}

		// ******************************************************************
		// Aufruf externer WebService für Erzeugung Projekt in Abrechnungssystem
		// Übergabeparameter tyProj enthält Projektinformationen
		TypeCopy1 tyProj = new TypeCopy1();

		// Übernahme Parameter für Schnittstelle WebService
		tyProj.setIfBudget(i_project_ref.getBudget());
		tyProj.setIfKzFix(i_project_ref.isKz_Fix());
		tyProj.setIfKzSupport(i_project_ref.isKz_Support());
		tyProj.setIfPrname(i_project_ref.getProjectName());
		tyProj.setIfPrort(i_project_ref.getLocation());
		tyProj.setIfReisezeit(i_project_ref.getTravelTime());

		try {
			this.ZMkCreateProjectAbrechung(tyProj);
		} catch (Exception e) {
			// TODO: handle exception
		}

	}
}
```

Literaturverzeichnis

Atlan, G., Iyer, D., Sadan, I., Stiehl, V., & Vogel, R. (2009).
BPM for Developers: Building Process-Centric Composite Applications with SAP NetWeaver CE. *SAP TechEd 2009.* Wien: SAP.

Dr. Tolvanen, J.-P. (Juli/August 2008).
Domänenspezifische Modellierung in der Praxis. *Objekt Spektrum* , S. 38-41.

Kammermeier, M., & Hötzinger, E. (2008).
SOA bei SAP. Deggendorf: FH Deggendorf.

Klenz, K. (2009).
ABAP Runs SOA: Step-by-Step to an ABAP Composite. *SAP TechEd 2009.* Wien: SAP.

OMG. (04. 01 2009).
OMG's MetaObject Facility. Abgerufen am 04. 10 2010 von http://www.omg.org/mof/

Rauscher, J., & Stiehl, V. (2007).
Programmierhandbuch SAP NetWeaver Composition Environment. Bonn: Galileo Press.

Salein, M., Bönnen, C., Andreas, H., & Mutzig, C. (2010).
Praxishandbuch SAP NetWeaver Visual Composer. Bonn: Galileo Press.

SAP AG. (2009).
Über SAP. Abgerufen am 25. 12 2009 von http://www.sap.com/germany/about/index.epx

SAP. (30. 12 2009).
SERVICE-ORIENTED ARCHITECTURE. Abgerufen am 30. 12 2009 von The Blueprint For An Open IT Architecture: http://www.sap.com/platform/soa/index.epx

Stahl, T., & Völter, M. (2005).
Modellgetriebene Softwareentwicklung. Heidelberg: dpunkt.Verlag.

Steyn, W., & Yackel, D. (2009).
SAP NetWeaver BPM Integration with Visual Composer. *SAP TechEd 2009.* Wien: SAP.

Tarnoruder, A. (September 2007).
SAP NetWeaver Visual Composer: White Paper. Walldorf.

www.ingramcontent.com/pod-product-compliance
Lightning Source LLC
LaVergne TN
LVHW082349060326
832902LV00017B/2735